스피치 달인의 생산적 말하기

스피치 달인의
생산적 말하기

지은이 | 이창호

펴낸곳 | 북포스
펴낸이 | 방현철

1판 1쇄 찍은날 | 2006년 9월 9일
1판 7쇄 펴낸날 | 2014년 5월 23일

출판등록 | 2004년 2월 3일 제313-00026호
주소 | 서울시 영등포구 양평동5가 18 우림라이온스밸리 B동 512호
전화 | 02-337-9888
팩스 | 02-337-6665
홈페이지 | www.bookforce.co.kr
전자우편 | bhcbang@hanmail.net

ISBN 89-91120-09-1 03320

값 12,000원

* 잘못된 책은 바꾸어 드립니다.

최고의 스피커 곁에는 사람이 모여든다

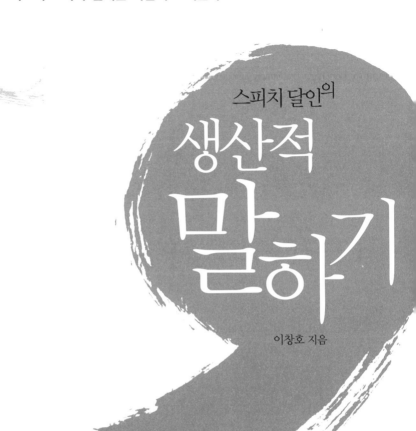

스피치 달인의

생산적
말하기

이창호 지음

북포스

최고의 스피커 곁에 최고의 리더가 모인다.

스피치는 어느 국가 어느 사회를 막론하고 그 역할과 활용 범위가 폭넓게 확산되고 있다.

피터 드러커는 "인간에게 있어서 가장 중요한 능력은 자기표현이며, 현대의 경영이나 관리는 커뮤니케이션에 의해서 좌우한다"고 말하여 생산적 말하기의 중요성을 강조하였다.

피터 드러커의 말이 아니더라도 오늘날 스피치는 상대방을 설득하고 이해시키고자 할 때 강력한 무기로 활용되고 있다.

특히 보통 글로벌 시민들은 목표를 세울때 "Good"에 만족하는 반면 최고의 인재(Talent)들은 반드시 "Best"를 향해 프로 근성을 멈추지 않는다. 고로 세계 최고라는 챔피온 타이틀은 우연히 얻을 수 없다. 효과적인 스피치에 따라 사람들의 성공 여부가 달라지는 경우가 적지 않다. 어려운 일도 스피치 한마디를 잘함으로써 성공하기도 하고 쉬운 일도 스피치를 잘못하여 그르치기도 한다.

독일 속담처럼 "입을 열면 침묵보다 뛰어난 것을 말하라. 그렇지 않으면 가만히 있는 것이 낫다." 스피치 세계에서도 마찬가지다. 그 명성에 부끄럽지 않은 최고가 되기 위해서는 생각보다 훨씬 더 큰 노력과 훈련이 필요하다.

사람들은 흔히 말을 한다.

'스피치 커뮤니케이션이 없는 관계란 무의미하다.'

부부든 친구 사이든 가족이든 동료든 그리고 국제간의 협상이든 간에 서로를 이어주는 끈이고 서로를 이해 시켜주는 것이 스피치의 힘이다.

요람에서 무덤까지 영원한 테마로 우리의 삶을 움직이는 것은 스피치에 달려 있다. 그러므로 말을 잘하는 사람은 인간관계나 비지니스에서 더 많은 능력을 발휘하게 된다.

또 나는 죽을 만큼 스피치를 잘하고 싶었습니다라고 말하면서 우선 멋진 스피커(speaker 연설자)가 되고 싶다면, 목표를 늘 마음에 새겨두고 품위 있고 최상을 실현하기 위해 책을 읽거나 정보 습득 및 문장 연습을 하는 등 모든 노력을 집중시켜야 한다.

스피커는 이렇게 다짐한다.

나는 글로벌 시민으로서 남 못지않은 스피치 능력을 갖고 있는 스피커가 되고 싶다. 정확하고 품위가 있으며 뽐내지 않는 스피치를 몸에 익히도록 노력을 아끼지 않아야 한다.

필자가 보는 이 책의 주장은 바로 생산적 말하기를 통한 스피치 문제 해결이다. 이를 자부하며 글로벌시대에 싱크탱크(Think tank)의 역할이 필자로서 스스로 해결해야 할 과제이다.

필자는 근 25년 이상의 현장 경험을 통해, 무한 경쟁시대에 개인적인 전략의 새로운 트랜드(Trend)는 스피치 실력만큼 중요한 사실이 없다는 것을 터득했다.

필자는 스피치란 용어가 우리의 특유의 방법인 '맨땅에 헤딩하기' 전법으로 수많은 문제를 헤쳐 나가면서 성장했고 그 과정에서 얻어진 노하우가 담겨져 있기에 그 가치를 높이 평가받고 있음을 알고 있다.

또한 이책은 생산적이며, 적극적이며, 독립적이며, 논리적인 프로페셔널(professional)로서 남들 앞에 나서야 하는 모든 리더들에게 그 부족함을 갈고 닦아 황금빛 날개를 달 수 있도록 만들어줄 것이다.

'스피치 달인의 생산적 말하기'에는 태어나는 것이 아니라 성장하는 나를 지속적으로 만들어가는 숨은 보석들이 담겨져 있다.

특히 열정적인 에너지로 삶의 균형을 잃지 않고 슈퍼우먼 커리어 코칭을 우주에 펼치고 있는 그레이스에게 감사를 드리며,

다양한 미래를 꿈꾸며 등대가 있어, 외롭지 않은 아들 지훈이에게 전해주고 싶다.

끝으로 이 책이 빛을 볼 수 있게 출간될 때까지 도전과 또 변화를 고집스럽게 추구한 북포스 방현철 사장님과 수고한 분들께 깊은 감사를 드리며, 사랑하는 이창호스피치커뮤니티에 그 고마운 마음을 전하며, 항상 선하신 길로 인도하시는 은혜에 큰 감사를 드리며 열 번째 기적을 베풀어주신 주님께 큰 영광을 돌리는 바이다.

이 한 권의 책이 독자 여러분에게 큰 기쁨과 만족을 드리며 스피치의 꿈과 비전을 실현하는 발판이 되기를 바란다.

2006년 8월
이창호

스피치 달인의
생산적
말하기

· · · · · · · · · · · · · · · · 차 례

■ 머리말 _4

話 1

나만의 말하기 전략

나만의 화술을 만들자 _12

말이 그 사람의 이미지를 결정한다 _18

내가 먼저 말 걸기 _23

첫인상이 말을 한다 _28

나를 기억하게 만드는 자기소개법 _35

대화를 주도하는 방법 몇 가지 _40

요리조리 맛있는 대화법 _46

대화에도 전략이 있다 _53

3분 스피치의 요령 _63

話 2 상대방을 위한 말하기

너와 나를 이어주는 말 _68

지피지기 백전백승 _75

저렇게 행동하면 이렇게 말하자 _81

상대방을 위한 말하기 기술 _91

성격 차이 남녀 차이 _103

남자와 여자는 말하는 법이 다르다 _109

정말로 남의 말 잘 듣는 법 _116

면접, 준비하면 달라진다 _125

話 3 대화와 설득을 위한 말하기

대화의 기술 _134

상황에 따른 대화법 _141

좋은 대화상대가 되는 법 _145

설득을 위하여 _153

설득 스피치 기법 _160

자녀와의 대화에도 전략이 필요하다 _169

모르고 하면 병이 되는 비평 _173

칭찬과 유머가 있는 말하기

유머, 그 행복한 바이러스 _180

유머는 아름답다 _186

웃어야 할 이유는 많다 _192

칭찬에 바치는 찬사 _200

사람의 유형에 따른 칭찬방법 _207

칭찬을 잘하는 비결 6가지 _213

성공을 위한 말하기

스피치 파워는 내용으로 승부한다 _220

성공을 전해주는 말 _232

좋은 스피치 _236

성공하는 스피치, 실패하는 스피치 _241

스피치 언어의 모든 것 _253

스피치 원고작성법 _261

명강의에도 전략이 있다 _267

프레젠테이션 성공전략 _275

話 1

나만의
말하기
전략

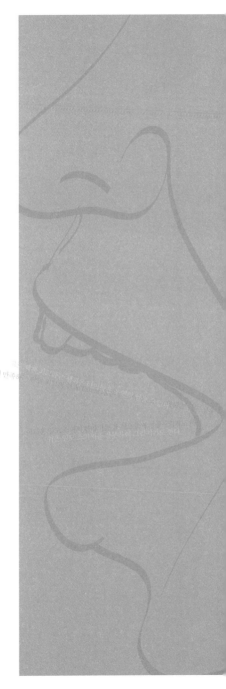

나만의 화술을
만들자

피터 드러커는 말하기를 "인간에게 가장 중요한 능력은 자기 표현이며, 현대의 경영이나 관리는 커뮤니케이션에 의해 좌우된다"고 언급했다.

해야 할 말을 자신 있게 말하는 사람이야말로 진정 용기 있는 사람이다. 강연이나 방송을 하는 사람은 말이 직업이다. 정치가도 역시 그렇다. 그럼에도 불구하고 이들도 실수를 해서 종종 화를 입는다. 가장 가깝다는 부부끼리도 말다툼을 한다. 말을 잘못하다 꼬투리를 잡혀 화를 입는 것이다.

때문에 말을 제대로 하기 위해서는 말하는 법을 배워야 한다. 예전에는 웅변이나 연설 등 특별한 경우에만 말하는 훈련이 필요하다고 여겼다. 그러나 요즘은 '화술이나 스피치' 라 하

스피치 달인의 생산적 말하기

여 다양한 형태의 표현 방법이 연구되고 있다.

'말'이 우리 생활에 미치는 영향이 매우 크기 때문에 제대로 말을 하는 방법에 대한 노력이 그만큼 커지고 있는 것이다. 스 피치가 반드시 어려운 것만은 아니다. 지나치게 관념적이거나 혼란스러운 표현보다는 말하고자 하는 것의 '일차적 의미'에 충실하면 된다. 일차적 의미 전달이란 복잡하지 않으면서 단순 명쾌하게 말하라는 것이다.

오늘날은 스피치의 시대이다. 스피치를 못하면 자신의 능력 을 충분히 표출하기 어렵다. 반면에 스피치를 잘하면 인생의 목적을 쉽게 달성할 수 있다. 스피치는 인생의 목적지로 이끌 어주는 배이다. 촌철살인(寸鐵殺人)이라는 말처럼 한마디 말로 설복시킬 수도 있고 항복하게 할 수도 있으며, 반대로 한마디 말로 타인을 죽음에 이르게 하거나 평생토록 한 맺히게 할 수 도 있다.

그렇다면 어떻게 하면 성공적인 대화를 할 수 있을까.

커뮤니케이션 이론이나 화술의 기법을 익히는 것만으로는 부족하다. 물론 그러한 기술들은 필요하지만, 대화의 원칙이 모든 상황에 다 절대적으로 들어맞는 것은 아닐 수 있다. 개인 적으로 능력이 뛰어난 인재들이 모인 조직도 종합생산성 측면 에서 보면, 일반인들보다 못한 실적을 올릴 때가 있다. 그것은 바로 조직에서 일하는 개인들의 업무 스타일이 전체적으로 효율적이지 못하기 때문이다. 그래서 조직의 장은 인재를 적재적소에 배치하는 리더십을 꼭 갖추고 있어야 한다.

마찬가지로 우리는 누구나 자기 자신에게 맞는 커뮤니케이션의 기법을 잘 알고 있어야 한다. 굳이 심리학자들의 연구를 빌리지 않더라도, 그 사람의 성격에 따라 커뮤니케이션 하는 방법도 다양하게 전개될 수 있다는 것은 분명하다. 상대를 잘 이해한다는 것은 상대의 성격을 잘 파악하고 있다는 말과 다름이 없을 것이다. 그래서 생산적 말하기도 상대의 성격에 따라 여러 방법을 적절하게 사용하는 것이 필요하다.

대화가 사람을 사귀는 가장 좋은 수단 가운데 하나라면, 상대방에 따라 그 대화의 방법이나 수준이 달라야 하는 것이다. 즉 자기 자신에게 어떤 스타일의 의사소통 방법이 더 적절한지 알아둘 필요가 있다. 똑같은 유머도 말하는 이에 따라서 듣는 사람들이 박장대소하기도, 아니면 분위기가 더 썰렁해지기도 한 경험을 다들 한번쯤은 해봤을 것이다.

현대에서 가장 많이 사용하는 성격일람표인 MBTI(Myers Briggs Type Indicator)를 보면, 일반적으로 사람의 성격은 크게 외향적인 성향과 내향적인 성향, 논리적인 것과 감각적인 스타일로 구분한다.

외향적인 편에 속하는 사람은 보통 자기 혼자보다 다른 사람과 함께 어울리는 시간이 많으며, 그것을 즐기는 편이다. 또한 친구도 쉽게 사귀며, 그 폭도 상당히 넓다. 반면에 내향적인 사람은 여러 사람과 함께 있을 때보다 혼자 있을 때에 더 안정감을 느끼고, 다른 사람의 도움 없이 혼자 일에 몰두하기를 즐긴다. 친구도 조심스럽게 사귀며, 선뜻 남들과 대화하는 것을 좋아하지 않는다. 그렇지만 한번 친구가 되면 소수이긴 하지만 깊은 관계가 되는 경우가 많다.

논리적인 사람은 생각이 많고 어떤 문제를 만나도 그 상황을 파악하고 먼저 주어진 정보에 대해서 고려해보고 결정 내리기를 좋아한다. 때로는 타인과의 만남도 계산적으로 보이기 때문에 다른 사람 눈에는 이기적으로 비쳐질 수도 있다. 하지만 분석적인 측면에서는 월등하기에 충고나 조언하기를 즐기기도 한다. 감각적인 사람은 종종 감정적이라고 불릴 정도로 충동적으로 행동하는 측면이 많기에, 행동이 예측하기가 힘들고 그 기복이 심해서 주위 사람을 힘들게 만드는 경향도 있다. 때로는 직설적인 대화를 하게 되므로 상대방에게 상처를 주는 경우도 많다. 다만 행동하는 측면에 있어서 말만 앞세우지 않기 때문에 결단이 빠른 것이 크나큰 장점이다.

이러한 가장 간단한 성격유형 가운데 자신이 어느 쪽에 가까운지, 상대가 어떤 유형에 속하는지 생각해보고 말하는 것이 좋다. 자신의 경우 장점을 가장 잘 드러낼 수 있는 대화방법으로 상대에게 다가가야 할 것이며, 상대의 경우에는 상대가 가장 편하게 대화할 수 있는 방법을 모색해야 할 것이다.

가장 일반적으로 상대를 파악하는 방법은 대화하는 속도일 것이다. 대체로 빠르게 말하는 사람은 생각이 많고 머리가 좋으며, 경험이나 재능이 다양하다. 다만 결정에 앞서 신중하지 못하고 성급하게 결단을 내리기 때문에 후회하는 경우가 많다. 느리게 말하는 것을 좋아하는 사람은 신중하고 다른 사람의 행동에 대해서 비교적 관대하며 인정이 많은 것이 특징이다. 다만 우유부단한 측면이 있어 상대에게 실망감을 주기도 한다.

물론 말하는 속도는 오랜 습관이므로 무어라고 할 수 없으나, 보통 속도로 말하는 것이 좋은 커뮤니케이터가 되는 지름길이라는 것은 알고 있어야 한다.

우리는 수많은 대화의 기술 가운데 자신에게 알맞은 것들을 선택해야 한다. 그리고 그 기술을 자신의 것으로 만들어야 하는 것이 바로 '맞춤 커뮤니케이션'에 한발 다가서는 길이다. 그러나 지나치게 자신에게 맞추어서 상대를 고려하지 않고 자기 말만 하는 경우는, 독재적 성격이 강하거나 대화의 단절을 낳게 하는 자폐증 등 이상성격의 증후가 있다고 봐야 한다.

유창한 화술대화의 4가지 법칙

제1법칙 : 화제를 풍부하게, 대화는 즐겁게 하라!
　　1) 화제가 풍부하고 표현을 밝게 해야 한다.
　　2) 청중에게 도움이 되는 내용이어야 한다.
　　3) 상호간의 공감이 형성되는 이야기여야 한다.
　　4) 쌍방향 커뮤니케이션이 되도록 한다.
　　5) 반복되는 화술을 전개하지 말아야 한다.
　　6) 상대방을 지루하게 해서는 안 된다.

제2의 법칙 : 최고의 화술가는 최고로 잘 듣는 사람이다!
　　1) 듣기는 화술의 근본이다.
　　2) 듣기는 쌍방향 커뮤니케이션의 기본이다.
　　3) 듣기는 정보수집에서 가장 중요한 부분이다.
　　4) 듣기로 상대방의 본심을 이끌어내라.
　　5) 들을 때는 자신을 카운슬러라고 생각하라.
　　6) 들으면서 맞장구를 쳐라.

제3의 법칙 : 바디 랭귀지(Body Language)는 좋은 커뮤니케이션의 필수품이다!
　　1) 눈빛과 표정은 곧 제2의 화술이다.
　　2) 첫인상은 만남과 대화에서 큰 선입견을 준다.
　　3) 나쁜 태도는 나쁜 감정을 전달하는 역할을 한다.
　　4) 적절한 바디 랭귀지는 화술에 시너지 효과를 가져다준다.

제4의 법칙 : 대중화술의 기술을 익혀라!
　　1) 준비를 철저히 하라.
　　2) 스피치는 시작이 중요하다.
　　3) 대중의 니즈를 먼저 파악하라.
　　4) 상대방이 공감하는 스피치를 하라.
　　5) 즉석 스피치가 가능하도록 만들라.
　　6) 열의와 자신감을 갖고 하라.
　　7) 멋진 스피치를 할 수 있다고 분명히 확신하라!

말이 그 사람의
이미지를 결정한다

　누구나 시인이나 작가가 아니더라도 말을 할 때에, 영상언어를 사용해야 상대가 잘 기억한다는 것은 알고 있을 것이다. 마치 그림을 그리듯이 언어를 이용해서 이미지를 만들어내면, 그 미학적 효과로 인해서 그 말은 살아 있고 좀 더 역동적으로 상대방에게 전달된다는 것이다. 그러나 우리의 말에는 그보다 더한 힘이 감추어져 있다.

　화룡점정(畵龍點睛)처럼 언어로 그리는 이미지로 인해서 우리의 이미지가 형상화될 수 있다. 즉, 우리가 자주 하는 그 말로써 우리의 이미지가 결정된다는 것이다. 말로 먹고사는 직업을 택한 사람이 아닐지라도, 자신의 운명을 말과 더불어 하게 된다. 우울증에 걸려서 자살한 사람들의 특징을 아는가? 그들은 말끝마다 '죽고 싶다'를 연발한다. 죽고 싶은 생각이 들어서 우울증에 걸렸는지, 혹은 우울증에 걸려서 죽고 싶은 것인지는 전문가의 견해에 따라야 하겠지만, 문제는 그가 죽고 싶다는 생각을 계속적으로 내비치는 것에 있다. 죽고 싶다는 말을 통해서, 실상 살고 싶다는 마음속의 인간 본연의 바람이 사라져버리고, 그의 사고를 착각하게 만들고 그의 마음을 병들게 하여 자살하는 것이다.

일반적으로 사람을 판단하는 데에 얼굴을 주로 본다. 그런데 관상가들의 말에 의하면, 관상이라는 것이 그 사람이 어떻게 어떤 마음으로 살아왔느냐에 따라서 조금씩 변한다고 한다. 인색하게 재물만 모을 것 같은 관상도 남에게 베풀고 선행에 앞장서는 행동을 여러 해 동안 하다 보면, 후덕하고 온화한 상으로 변한다는 것이다. 그렇다면 우리도 말을 통하여 이미지를 바꾸는 것이 가능할 것이다. 말을 바꿈으로써 자기 자신의 이미지를 성공하는 사람으로 바꾸어보자.

그러기 위해서는 첫째, 부정적인 말투를 고쳐야 한다.

무엇을 보든지 부정적으로 평가를 내리는 사람이 있다. 비평가도 아니면서 아닌 것부터, 부정적인 것부터 말하는 사람이 있다. 선물을 받고 나서도 기뻐하기보다는 마음에 안 드는 점을 잡아 탓하기만 하는 어른들이 있다. 이 분들은 십중팔구 아랫사람으로부터 조그마한 선물도 받기 어려운 처지가 될 것이다. 무엇이든지 긍정적으로 말하자. 긍정적으로 말하고 힘이 부족하면 도움을 요청하고, 감사의 말을 하고 더 많이 감사할 일이 있을까를 생각하자. 장미에게 가시가 있어서 아름답다는 것을 생각하고 장미꽃뿐만 아니라 장미꽃 가시에게도 감사하자. 자기 자신이 긍정적으로 변할 때까지 긍정적인 말투를 사용하고, 긍정적인 자아상을 가질 때까지 긍정적으로 말하고 생각하자. 그러면 우리의 이미지와 환경이 긍정적인 모습으로 우리 앞에 나타날 것이다.

둘째, 상대의 말에 공감을 하자.

가장 쉽게 다른 이에게 친절을 베풀 수 있는 것은 무엇인가? 그것은 상대의 말을 듣고 그럴 수도 있다고 생각하는 것이다. 그리고 상대가 원하는 대답을 해주는 것이다. 분명 그것이 정답이 아니지만, 상대는 매우 고마워할 것이며, 우리도 그에게 긍정적인 대답을 들을 수 있을 것이다. 가는 말이 고우면 오는 말도 고운 것처럼 우리가 말로써 상대에게 심으면, 상대가 좋은 열매를 가지고 우리에게 주는 것은 당연한 결과일 것이다. 빈말인 줄 알면서도 여자들은 예쁘다는 말은 얼마든지 들어도 싫어하지 않는다고 한다. 남에게 기쁨이 되는 말을 하면, 그에게서 기쁨이 되는 말을 들을 수 있다. 그리고 그런 말을 자주 듣게 되면, 우리의 이미지도 스스로 기뻐할 만한 모습으로 변할 것이다.

셋째, 자신을 너무 과소평가하지 말자.

이 말은 낮은 자존감과 열등감으로 자기 자신을 대하지 말자는 것이다. 안 좋은 일이 생기면, "내가 못 배운 게 한이지." 혹은 "내가 가난한 게 죄지"라고 말하는 분들이 있다. 또한 평소에 죄송합니다, 미안합니다를 입에 붙들고 사는 분들이 있다. 얼핏 보면 예의 바르게 보일지 모르나, 꼭 필요한 경우가 아니라면 그렇게 해서 자신의 모습을 비하시키지 않기를 바란다.

필자가 핸드폰을 고치기 위해 A/S 센터에 갔을 때 일이다. 수리기사가 핸드폰의 증상에 대해서 물어보고 요리조리 검사한 후에 말했다.

"죄송합니다만, 수리하기 위해서 이 핸드폰 내부를 열어서 보아야 합니다."

나는 이렇게 대답했다.

"사람을 치료하는 의사도 일방적으로 사람 몸을 이곳저곳 맘대로 주물럭거리는데, 그깟 기계인 핸드폰을 수리하는 데에 당연한 일을 가지고 무엇이 죄송할 것이 있습니까?"

그러한 표현들은 공손의 모습이 아니라 비하의 표현이기가 쉽다. 공손하게 말하되 자신감과 자존심을 잃지는 말자.

넷째, 자신의 대화 패턴을 주의 깊게 살펴보자.

기회가 된다면 자기가 다른 사람과 대화하는 것을 녹음해서 들어보자. 불필요한 어휘나 부정적이거나 거부감을 주는 표현을 많이 쓰지는 않는지, 또는 상대방이 못 알아듣는 전문용어나 사투리를 사용하지는 않는지 점검해보자. 좋지 않은 언어습관에 대해 지적해주는 이의 충고를 새겨보자. 그리고 의식적으로 쓰는 말을 우리가 원하는 말로 바꿔서 자주 사용해보자. 그래서 자신의 언어사용 패턴을 바꾸어보자. 얼마 안 가서 자기 자신의 이미지도 변하고 삶의 모습도 변할 것이다.

최고의 화자들이 지닌 8가지 공통점

1. 익숙한 주제라도 새로운 시각을 가지고 사물을 다른 점에서 바라본다.
2. 폭넓은 시야를 가지고 일상의 다양한 논점과 경험에 대해 생각하고 말한다.
3. 열정적으로 자신의 일을 설명한다.
4. 언제나 자신에 대해서만 말하려 하지 않는다.
5. 호기심이 많아서 좀 더 알고 싶은 일에 대해서는 '왜?'라는 질문을 던진다.
6. 상대에게 공감을 나타내고 상대의 입장이 되어 말할 줄 안다.
7. 유머감각이 있어 자신에 대한 농담도 꺼려하지 않는다.
8. 말하는 데에 자기만의 스타일이 있다.

(래리킹 대화의 법칙)

내가 먼저
말 걸기

어디서든지 낯선 사람과 만나면, 언어장애를 지닌 경우가 아니라면 일단 말을 하기 시작한 후에는 서로 대화하는 것이 그다지 어렵지 않다. 다만 누가 먼저 대화의 벽을 깰 어떤 말을 하는가가 매우 중요하게 작용한다.

이럴 때 가장 안전한 말이 바로 기후에 관한 것이다. 누구나 그날의 일기예보는 모를 수 있지만, 집안에만 있는 처지가 아니고 사회에 발을 딛고 있는 경우에는 기후에 대해서 민감하게 느낄 수밖에 없기 때문이다. 어떤 이는 시사문제가 더 민감하게 반응할 만하다지만, 이 세상에는 월드컵 열풍이 강해도 그것과 무관하게 생각하는 사람도 많으며, 정치처럼 관심이 많은 부분에 대해서 선뜻 자기 견해를 내놓기 싫어하는 사람도 많다. 그러니 날씨에 관한 대화처럼 상대에게 적대감 없이 내놓을 만한 화제는 없을 것이다.

여기에도 명심해야 할 것이 있다. 대화하기 위해서 우리는 먼저 자기소개를 하는 경우도 있고, 전혀 낯선 사람인 때에는 상대에게 질문을 먼저 함으로써 말문을 열 수가 있다. 그런데 결코 '예'나 '아니오'로 대답하는 Yes or No Question은 하지 말아야 한다. 그렇게 질문하면 더 이상 대화가 진행되는 데에 장애가 되거나, 상대가 간단한 대답으로 대화를 끝낼 수 있다. 그래서 질문은 흔한 화제를 택하되 풍부한 대답이 나올 수 있는 것으로 해야 한다.

이를테면, "이렇게 날씨가 서늘했다가 무덥게 변하니 짜증나죠?"라는 질문보다는 "이렇게 날씨가 아침저녁으로는 서늘하고 낮에는 무더운 것을 보니까, 이상 기후인 것 같은데, 당신 생각을 듣고 싶은데요?"가 상대에게 더 말을 할 수 있는 여지를 제공해준다. 더 나아가 "오늘 날씨가 어제와는 좀 달라진 것 같은데, 날씨가 이렇게 자꾸 변하는 것에 대해 어떻게 생각하세요?"라고 질문한다면, 상대는 자신이 느끼고 생각한 바를 단답이 아닌 비교적 긴 문장으로 설명해야 할 것이다.

이처럼 질문을 통해서 상대와 말문을 열기 시작할 때에는 비교적 상대가 친밀감을 느끼고 대답할 만한 명확하고 구체적인 질문이 적절하다. 예를 들어 엘리베이터 안에서 청소년이 MP3

를 통해 음악을 듣고 있다면 어떤 말을 하는 게 좋을까.

"음악을 좋아하시나 보네요. 어제 음악캠프에서 동방신기가 노래하는 것을 잠시 보았는데, 어떻게 되었나요?"라고 묻는 것이 "동방신기 노래가 어떤가요?"라고 묻는 것보다 훨씬 낫다.

상대와 관련하여 적절하게 말할 수 있는 화제를 선택하기 위해서는 무엇보다도 그 대화의 목적에 맞아야 한다. 그리고 구체적인 것 가운데 일상생활에서 익숙한 것을 선택해야 한다. 시사성이 있는 경우라면 누구나 주변 돌아가는 모습에 눈과 귀를 막고 살지는 않으므로 유익하다. 그리고 그 주제가 심각하거나 진지한 것보다는 유머러스하고 가벼운 것으로 접근하는 게 용이하다.

게다가 통상적으로 인간은 누구나 더 건강하고 오래 살거나, 남보다 잘살고, 자기 자식이 다른 아이보다 더 공부 잘하는 것을 바라기 때문에, 인간의 욕망과 관련된 것에는 더욱 관심을 보이는 경향이 있다. 그리고 학문적이고 이론적인 것보다는 경험적이고 실증적인 화제에 더욱 귀를 기울인다.

결론적으로 보면, 상대가 가장 관심을 가지고 반응을 보일 수 있는 화제가 무엇일까? 그것은 바로 현실적인 것이다. 상대가 현재 가장 관심을 가질 수밖에 없는 것은 바로 상대가 처한 현실인 것이다. 따라서 우리의 말문은 현실과의 관련성에 따라 그 열리는 정도가 다를 것이라는 생각은 당연하다.

여기서 편한 상대를 만나서 대화를 나누는 모습을 생각해보자. 우리가 의식 없이 여러 시간 대화한다면, 그것은 대체로 잡담이고 수다일 것이다. 오랜 시간 편하게 대화할 수 있는 방법이 있다. 바로 가십을 사용하는 방법이다. 상대가 부담 없이 편하게 이야기할 수 있게 만드는 화제 가운데 하나가 가십거리이다. 가십이란 다른 사람의 생활에 대해 관심을 가지는 것을 말한다. 남자들의 가십거리는 대체로 스포츠나 뉴스에 관계된 것이다. 이 가운데 공적인 사실이 가십이 되지는 않는다. 오히려 그 사실에 관계된 개인적 이야기들이 가십이 되는 것이다. 여자의 경우는 드라마의 줄거리나 출연하는 배우의 사생활, 유명한 연예인의 스캔들이 아주 용이한 대화 소재가 된다.

개인적 사생활이 논란거리가 된 것을 문제 삼는 사람도 있을 것이다. 그것은 누구든지 다른 사람이 자기 이야기를 하는 것을 좋게 생각하지 않기 때문이기도 하다. 그러나 아니 땐 굴뚝에 연기가 날 리 없다는 말에 착안하여 오히려 확실한 근거가 없기에 사람들이 더 쉽게 말할 수 있는지도 모른다.

다만, 우리는 가십이 부정적인 것만은 아니라는 사실을 인식해야 한다. 그 자리에 없는 사람이나 가십에 대해 동일한 평가를 내린다면, 그들 간의 유대는 매우 강화될 수 있으며, 다른 사람에 대한 이야기를 함으로써 서로의 가치를 확인한다는 긍정적인 측면이 있다. 그래서 우리는 이렇게 말할 수 있다. 특별한 이야깃거리가 생각나지 않을 때에는 잡담을 하더라도 서로가 공감할 만한 기회가 된다. 따라서 말문을 열기 위해서는 먼저 말을 거는 것이 좋은 방법이다.

말 잘하기 위한 체크 포인트

1. 말을 잘하려면 정보를 수집하라.
시사상식을 따라잡는다/ 영감을 일깨우는 책을 읽는다/ 인터넷을 활용한다.

2. 언어 외적인 요소에 신경 써라.
태도/ 언어 외적인 단서로 암시를 준다/ 몸가짐을 점검한다/ 상황에 맞게 옷을 입는다/ 미소를 짓는다/ 가벼운 신체 접촉을 한다/ 정중하게 악수한다.

3. 자세를 가다듬어라.
자기 향상을 위해 노력한다/ 시각화한다/ 통성을 가진다/ 사람들의 호감을 얻는다/ 진실하게 행동한다/ 상대방의 입장을 이해한다/ 너무 진지하게 행동하지 않는다/ 부정적인 감정을 버린다/ 새로운 생각을 받아들인다/ 책임감을 가진다/ 다른 사람의 관점도 존중한다/ 스트레스의 영향을 인정한다/ 언제나 진실한 모습을 보인다/ 자기 자신의 태도를 점검한다.

4. 행동으로 말하라.
웃는다/ 훌륭한 매너를 활용한다/ 속임수를 쓰지 않는다/ 비굴하게 행동하지 않는다/ 타인의 감정을 상하게 하는 말을 삼간다/ 상대의 신경을 건드리는 행동을 고친다/ 반대 의견에 재치 있게 대응한다.

5. 효과적으로 시간을 관리하라.
생산적인 만남을 한다/ 다른 사람의 경험을 고려한다/ 적당한 시기의 중요성을 인지한다/ 좋은 이미지를 심는다.

첫인상이
말을 한다

사회가 복잡해지면서 우리가 상대를 파악하는 시간도 매우 짧아졌다. 우리는 첫인상으로 상대에 대한 평가를 속단하는 경우가 많다. 게다가 그러한 결정을 후회하지 않고 상대에 대한 평가로 그냥 인정하려 한다. 모르는 사람과 만났을 경우, 그 사람이 마음에 드는지 안 드는지 그 자리에서 평가하기에 그러하다. 상대방의 첫인상에 따라 더 이상 만날 것인지, 아닌지가 결정 나기 때문이다.

그러기에 첫인상은 중요하다. 누구나 상대방에게 첫인상을 남길 기회는 단 한 번 밖에 없으니까. 첫인상은 첫눈에 느껴지는 인상으로 접촉한 상대에 대해 마음에 남은 느낌을 말하는데, 이러한 첫인상은 대개 2~3초, 늦어도 90초 안에 결정된다.

첫인상을 결정하는 요인은 크게는 외적인 요소가 지배적이다. 그러한 요소를 세분해서 살펴보면,

첫째로 외모를 들 수 있다. 외모가 준수하면 좋지만 그렇지 않다면 외모를 탓하는 것보다는 자신의 단점은 커버하고 장점은 드러낼 수 있도록 패션이나 헤어스타일에 신경을 써서 자신감 있는 모습을 연출하는 것이 필요하다.

둘째, 말솜씨를 꼽을 수 있는데 말을 통해 상대에게 자신의 생각과 가치관을 드러낼 수 있기 때문이다. 첫 만남에서 가장 먼저 상대방의 얼굴을 대하게 되지만 그 다음에 이어지는 것이 대화이다. 그래서 같은 말을 하더라도 조리 있게 상대방이 듣기 좋게 정감 있게 말하는 것이 좋다. 자기 자랑만 일삼거나 형식적으로 말하거나 상대방을 비하시키는 듯한 말투나 지나친 자기주장은 바람직하지 않다.

그 다음으로 차림새를 들 수 있다. 차림새는 유행에 너무 민감해도 주관이 없어 보이고 그렇다고 유행에 뒤떨어지는 것도 바람직하지 않다. 또한 명품 전시장처럼 보인다고 자신의 가치가 높아지는 것은 아니다. 오히려 자격지심을 불러일으키는 요인이 된다. 차림새는 자신의 이미지에 어울리는 헤어스타일과 옷차림 그리고 액세서리가 조화로워야 하며, 단정한 것이 기본이다.

첫인상이 중요하지만 분명한 것은 첫인상이 태어날 때부터

결정되는 것이 아니라 살아가며 결정된다는 점이다. 성장과정이나 주변의 환경, 성격 등 여러 가지 요소들이 첫인상에 영향을 미치지만 스스로의 노력으로 얼마든지 극복할 수 있다. 좋은 첫인상을 갖는 것이 경쟁력을 갖추는 것이요, 상대에게 자신을 제대로 어필할 수 있는 길이다. 호감이 가는 첫인상을 남기는 만남을 위해서는 다음과 같은 준비와 만남의 태도가 필요하다.

① 거울을 보고 표정 연습을 하라

얼굴에 가장 먼저 드러나는 것은 표정이다. 그래서 말하는 내용이나 목소리보다 더 강한 영향력을 끼친다. 항상 다정하고 부드러운 표정과 미소 짓는 습관을 길러야 한다. 그러기 위해서는 평소 거울을 자주 보고 표정관리 연습을 하자.

② 반듯한 자세는 자신감의 표현이다

엉덩이에 힘을 주고 어깨를 쭉 편 채 당당하게 걷자. 바른 자세는 자신감의 표현이자 상대방에게 대화의 즐거움을 주는 태도다. 고개를 똑바로 들고 턱을 자연스럽게 한 후 시선을 정면에서 약간 아래를 향하게 한다.

③ 자기소개를 자세히 하라

자기소개는 첫 만남에서 흥미로운 대화를 이끌어낼 수 있는 매개체가 된다. 처음의 인사를 통해서 자신의 직장과 직무에 대해서 또한 현재의 만족도에 대해 구체적으로 하는 일을 말해주는 것이 좋다.

④ 웃는 얼굴에 침 못 뱉는다

웃는 얼굴은 상대방에게 편안함을 심어주고 신뢰감을 얻게 해준다. 아무 때나 웃으면 곤란하지만 미소 짓는 법을 연습하고 웃음을 남발하지 않도록 수위조절을 잘해야 한다. 얼굴 전체에 밝은 표정이 드러나도록 미소를 지어야 한다.

⑤ 목소리는 제2의 얼굴이다

좋은 목소리에서 신뢰감을 얻는 사람도 많다. 목소리를 잘 가꾸려면 바른 자세에서 복식호흡을 한다. 주변 환경을 쾌적하게 유지하고 성대에 수분을 유지하기 위해 물을 충분히 마신다.

⑥ 밝고 명랑하게 인사하자

사람을 만날 때는 항상 밝고 상냥하게 인사하자. 먼저 인사를 잘하는 것만으로도 상대와의 대화수준을 변화시킬 수가 있다. 누구라도 먼저 인사하면 그에 응답할 수밖에 없다.

⑦ 시선을 맞추고 눈으로 대화하자

대화를 할 때는 항상 상대방을 바라보며 하자. 시선을 맞추는 것은 상대방의 이야기에 집중하고 있음을 보여주는 것이다. 상대방의 눈을 빤히 쳐다보기보다는 전체를 주시하는 가운데 눈 밑에 초점을 두는 것이 편하다.

⑧ 내 몸에 가장 잘 맞는 옷을 입자

값비싼 옷보다는 자신에게 어울리는 옷을 입자. 피부색이나 얼굴 모양, 체격 등과 맞지 않는 옷차림은 매력을 반감시킨다. 때와 장소에 맞는 적절한 옷차림으로 편한 복장으로 차려 입는 것이 자연스럽게 보이는 비결이다.

⑨ 먼저 손을 내밀자

사람과 만남에 있어서 악수는 첫 번째 과정이며 유일한 신체적 접촉이다. 올바른 악수법은 손바닥을 위나 아래로 하지 말고 곧장 손을 내미는 것이다. 흔히 상대에게 손만 내미는 사람들이 있는데, 상대를 거머쥐는 손에 조금의 힘을 가하는 것이 좋으며, 한두 번 절도 있게 흔드는 것도 괜찮다.

⑩ 상대의 이름을 부르자

누군가가 자신의 이름을 기억해주는 것만큼 기분 좋은 일도 없다. 그것은 상대로 하여금 적어도 단순히 의례적이거나 자신이 스쳐 지나가는 사람은 아니라는 느낌을 받게 해준다. 상대에게 정신을 집중해서 그의 호칭이나 이름을 반복해 말하는 것이 관심을 갖고 보게 하는 방법이다.

능란한 화술을 위한 40가지 포인트

1. 이야기에는 반드시 상대방이 있다.
2. 이야기의 효과는 '듣는 사람'에게 달려 있다.
3. 목적을 염두에 두고 이야기하면 효과가 높아진다.
4. 이야기하기 전에 먼저 상대방을 인식한다.
5. 이야기에는 '말'이 전부가 아니다.
6. 말과 마음과 행동이 균형을 이루어야 한다.
7. 이야기할 때의 태도와 표정도 말의 내용 못지않게 중요하다.
8. 말하는 바를 상대방이 알아듣지 못하면 아무 소용이 없다.
9. 말은 입으로만 하는 게 아니라 눈으로도 한다.
10. '뜸'은 말하는 데 있어 중요한 역할을 한다.
11. 감정의 고조를 적절히 컨트롤한다.
12. 이야기를 들을 때는 고개를 끄덕이며 반응을 보인다.
13. 이야기의 기본형을 숙지한다.
14. 이야기의 주제를 놓치지 않는다.
15. 스피치할 때는 준비 메모를 활용한다.
16. 구체적인 이야기는 상대의 마음을 움직인다.
17. 요소 간의 관계가 명확해야 알아듣기 쉽다.
18. 짧은 문장으로 끊어 간결하게 이야기한다.
19. 마음이 담긴 이야기로 깊은 인상을 남긴다.
20. '마법의 성구(成句)'로 이야기를 매끄럽게 전한다.
21. 설명을 잘하면 상대를 쉽게 납득시킬 수 있다.
22. 성의(誠意)란 이해시키기 위한 노력이다.
23. 유머감각이 풍부한 사람은 매사에 긍정적이다.
24. 내용 제시 방법에 따라 결과가 달라진다.
25. 문제의식으로 화제의 폭을 넓힌다.

나만의 말하기 전략

33 ●

26. 상대방의 불평불만은 내게 유익한 정보를 제공한다.
27. 칭찬은 성장을 촉진하는 비타민이다.
28. 꾸짖음은 과실을 만회하라는 격려이다.
29. 거절 또한 상대방을 설득하는 일이다.
30. 부탁은 협력을 요청하는 능력이다.
31. 전화 통화도 중요한 커뮤니케이션이다.
32. NO와 YES는 상황에 따라 그 진의가 달라진다.
33. 말할 때의 센스는 상대방을 분간하는 능력이다.
34. 상대방을 바라보면서 말을 해야 효과적이다.
35. 다른 사람 앞에서 말하는 것을 두려워하지 마라.
36. 집중해서 말하지 않으면 말하는 능력이 늘지 않는다.
37. 청산유수라 해서 말을 잘하는 것이 아니다.
38. 말 한마디로 사람의 마음은 크게 달라진다.
39. 주위의 눈치를 보지 말고 당당하게 표현하라.
40. 용기야말로 말을 잘할 수 있다는 자신감이다.

나를 기억하게
만드는 자기소개법

미래학자들은 정보가 산업의 핵심이 될 것이며, 권력으로 자리 잡을 것을 예견했었다. 인터넷이 많은 이들에게 활성화된 것도 오락과 향락거리가 있기도 하지만, 정보의 홍수시대에 정보를 찾기에 여러모로 손쉽고 유용하기 때문이다.

정보를 파는 몇몇 사이트에서, 가장 많이 팔리는 상품이 자기소개서 작성과 면접 요령에 대한 것이다. 애국적이거나 역사적인 거창한 항목도 아니고, 인문교양도 아니며, 상식이나 시사, 정치, 사회에 관한 것이 아니라 바로 취업과 관련된 항목인 셈이다. 이것을 보면, 우리나라의 취업현실이 어떠한지를 가늠해 볼 수 있다.

많은 이들이 자기소개서가 자신의 이야기를 하는 것이라고 생각한다. 자신의 약력이나 경험 등등을 유창하게 써 넣는 것을 자기소개서라고 생각하기 때문이다. 자기소개서는 단적으로 말해서 자기 자랑을 하는 글이 아니다. 또한 이미 이력서에 써 있는 정보를 단순히 확대 설명하는 곳이 아니다. 그런데도 많은 이들이 이러한 오류를 범하고 있다.

자기를 알릴 때 처음의 몇 초가 굉장히 중요하다. 사람을 만날 때나 그에 대한 글을 읽을 때 처음이 어떠한가가 계속 그에게 관심을 가질지 말지를 결정하는 계기가 된다. 그래서 상대가 관심을 가질 수밖에 없도록 시작하는 것이 좋다. 따라서 자기소개서는 단순히 자신의 이야기가 아니라 상대가 듣고 싶어하는 이야기를 서술하는 곳이 되어야 한다. 내가 취업하고자 하는 직장과 거기서 나에게 맡기기를 원하는 직무에 내가 가장 적합한 인물이라는 정보를 상대에게 주는 것이다.

그렇다. 우리는 처음 상대와 만났을 때에 자신의 인상을 강하게 남겨서 상대가 기억하도록 해야 한다. 단순한 인사나 평범하고 업무적인 대화가 아니라 상대가 자신에 대해서 관심을 보이도록 해야 한다. 이른바 개인기도 자신을 알릴 수 있을 테지만, 부담스러울지도 모르니 초면 인사만이라도 확실하고 희망찬 모습으로 해야 한다. 자기를 소개할 때에 사용할 수 있는 멘트를 살펴보자.

"안녕하십니까? 이 시대의 휴머니스트 그레이스 김입니다."

"처음 뵙겠습니다. 신사동의 신사 이창호입니다."

"항상 자신감 넘치는 당당한 여자 당찬녀입니다."

"말보다 행동을 우선하는 요새 보기 드문 신세대 젊은이 신동영입니다."

"상큼한 남자, 괜찮은 남자, 매력 있는 남자 (윙크) 김눈매입니다."

"처음은 미약하나 나중은 창대할 한창대입니다."

"먹구름 속에서도 태양이 빛나듯이 어려운 세상에서도 밝고 희망차게 사는 한소망입니다."

"21세기의 멋진 주인공이며 님 같은 영웅호걸을 사귀기 좋아하는 주인걸입니다."

"현대의 복잡한 문제를 산뜻하게 해결해주는 방정식입니다."

자신의 이름이나 특징, 모습, 그리고 더 나아가 자신의 이상과 목표를 알릴 수 있는 멘트가 필요하다. 그리고 상대에게 나를 꼭 기억하도록 만들려면, 어떤 이벤트나 해프닝을 함께 경험하게 하면 대부분 성공한다.

반대의 입장에서 보면, 우리는 어떤 이에게 관심을 가질까? 일차적으로 당연히 자신에게 관심을 보이는 사람일 것이다. 그 관심이 부담이 될지 유익이 될지는 차후에 판단하더라도, 누구든지 자신에게 관심을 보이는 이에게 관심을 가질 수밖에 없다. 의례적인 만남과 소개의 자리일 때에는 더욱 그러하다. 상대에게 내 이름을 기억시키고 싶다면, 자신이 상대의 이름을 기억하고 불러주는 것도 좋은 방법이다.

상대를 기억하기 위해서는 통상적으로 만날 때에 주고받는 명함을 받고 나서, 대화가 끝나기까지 세 번 이상 불러야 한다. 명함을 받으면서 어물쩍거리거나 잘 챙기지 않는 것은 상대에게 반감을 갖게 하는 계기가 된다. 반드시 상대방 얼굴을 보면서, 이름을 불러주며, 궁금한 것은 묻거나 명함을 잘 만들었다고 칭찬해주면 좋다.

그 다음으로 상대를 기억하기 위해서 그 사람의 특징을 함께 생각하면 더욱 용이하다. 그 특징은 시간이 흐르면 변하는 것으로 하지 말고, 상대의 고유한 성격이나 외모, 체형, 특이한 점을 기억하는 것이 좋다. 어떤 공통된 화제와 사건을 함께 기억하면 쉽게 잊어버리지는 않을 것이다. 이는 마치 체벌시간을 함께 보낸 동창을 수십 년 만에 만났을 때도 기억할 수 있는 것과 같다.

상대를 확실히 기억하고 상대를 자신의 인재폴로 만들려면, 만난 날 바로 상대에 대한 기록을 하는 것이 좋다. 명함을 명함첩에 모으면서 그와 관련된 일을 적고, 차후에 어떻게 만나야 할 것인지를 기록하면 더 강하게 기억된다. 그리고 관심의 끈을 놓지 않고, 상대의 필요성의 정도에 따라 연결될 만한 선을 확보하는 것이 좋다. 그래서 다시 만날 때 그의 이름을 불러준다면 더욱 친근감과 호감을 주는 기회가 될 것이다.

인생에 필요한 12명의 친구

1. 믿고 의논할 수 있는 든든한 선배.
2. 무엇을 하자 해도 믿고 따라오는 후배.
3. 쓴소리도 마다하지 않는 냉철한 친구.
4. 나의 변신을 유혹하는 날라리 친구.
5. 여행하기 좋은 먼 곳에 사는 친구.
6. 에너지를 충전시켜주는 애인.
7. 어떤 상황에서도 내 편인 친구.
8. 언제라도 불러낼 수 있는 술친구.
9. 독립공간을 가진 독신 친구.
10. 부담 없이 돈을 빌려주는 부자 친구.
11. 추억을 많이 공유한 오래된 친구.
12. 연애감정 안 생기는 속 깊은 이성 친구.

대화를 주도하는
방법 몇 가지

　같은 이야기를 해도 재미있게 하는 사람이 있듯이, 여러 사람이 모인 가운데도 자연스럽게 대화의 분위기를 이끌어 가는 사람이 있다. 그 사람에게 회장을 맡긴 것도 아닌데, 화제를 먼저 제시하거나, 여러 사람의 의견이 좌충우돌할 때에 조정자로 나서는 사람이 있다. 대개가 좋은 질문을 던지는 법을 알기 때문에 좋은 대화를 꾸미는 능력이 있는 사람들이다. 이 능력은 선천적일 수 있지만, 후천적으로도 몇 가지를 주의하면 우리도 대화를 이끄는 사람이 될 수 있다.

　대화를 이끌기 위해서는 무엇보다도 공통된 화제를 선택해야 한다. 여러 사람이 제각기 말을 할 때에, 한 사람이라도 더 관심을 보이는 문제가 논의 대상이 되는 것은 자연스럽다. 모

스피치 달인의 생사적 말하기

든 사람이 말하기 좋은 화제를 고른다면, 자리한 모든 이가 지루해하지 않고 자신은 배제한 대화라고 생각하지 않으므로 참여하기가 수월해질 것이다.

다음으로 다른 사람의 의견을 구해야 한다. 자신만의 의견을 내걸고 대답하는 자승자박의 모습은, 똑똑하다는 소리는 들을지 몰라도 현명하다는 평가가 나올 수는 없다. 사람은 자기에게 의견을 구하는 사람을 대화를 잘하는 사람으로 기억한다. 다른 이로 하여금 말하게 하는 기술이 바로 대화를 앞서서 끌고 가는 것보다 뒤에서 따라오게 만드는 더 나은 주도기술인 것이다.

그리고 협력자를 만들어야 한다. 일반 대화뿐 아니라 사교적인 모임에서 혼자서 대화를 독점하는 것은 적대감을 키우는 요소가 될 수 있다. 마치 토론에서 자신이 이야기한 것처럼 상대에게도 말할 기회를 주듯이, 적절하게 길이를 조절해야 한다. 그럴 경우, 자기 말의 중간을 이어가는 협력자를 구해야 한다. 그 협력자로는 크게 두 부류를 들 수 있다.

하나는 전문가의 조언이다. 자신이 말하는 부분에 대해 모임에서 더 잘 알고 있는 사람이 있을 것이다. 그에게 증거나 부연 설명을 할 기회를 주는 것이다. 그러면 자신이 말한 것을 전문가적 입장에서 유치하다고 생각했을지도 모르는 그의 태도가 긍정적으로 바뀌면서 자연스럽게 대화에 상대가 들어갈 만한 자리가 마련된다.

또 하나의 대상은 가장 비사교적인 것처럼 보이는 사람이다. 내향적인 사람은 성격이 그러할 뿐이지 모임 자체를 부정하는 것은 아니다. 이런 사람에게는 대화에 함께하고 싶은 마음도 있고, 다른 이의 주목을 받고 싶은 생각도 조금은 있다. 다만 그를 대화에 끌어줄 사람이 없는 것이 문제이다. 이러한 사람이 대화에 끼일 수 있도록 도와주어야 한다. 자신의 말에 동의를 구하거나 그 사람이 말할 수밖에 없는 주제를 택해야 한다. 그 사람이 말을 할 경우에 그 내용을 중시하면서 긍정적으로 거들어준다면, 우리는 누구에게나 좋은 사람이라는 말을 들을 수 있을 것이다.

끝으로 대화의 상대자는 피고인이 아니라는 것을 명심하자. 서로 생면부지의 모임이거나 조금 안면이 있는 자리에서 가까운 곳에 앉은 상대를 곤혹스럽게 만드는 이들이 있다. 그들은 호기심 탓인지 형사가 피고인을 대하거나 기자가 증인이나 목격자를 대하듯이 상대방에 대해 꼬치꼬치 캐묻기를 좋아한다. 자신이 다른 이 앞에서 벌거벗은 기분이 되는 것을 좋아하는 이는 없다. 오히려 상대가 편안한 감정이 되도록 만들어야 하며, 상대를 배려하는 질문을 하는 것이 자신을 더욱 돋보이게 하는 것임을 명심해야 한다.

한편, 모든 대화는 막연한 이야기에서 주제를 갖춘 대화로 번해가는 특징이 있으며, 단순한 대화에서 어떻게 해야 맛깔스럽게 서로에게 유익한 대화를 나눌 수 있는가에 관심을 가지는 단계로 나아가는 경향이 있다. 실로 대화는 혼자만의 독백이 아니라 서로 나누어야 할 것이기에, 서로가 잘 맞는 수준의 용어를 써야만 더욱더 효과 있는 대화가 될 것이다.

그러기 위해서 우리는 대화를 조립해야 할 필요가 있다. 장난감을 조립하듯이 대화의 주요 구성체들을 가지고 멋진 모습을 만들어야 한다.

통상적으로 대화는 먼저 인사로 시작하게 되어 있다. 웃으면서 인사하는 사람을 거부할 사람은 없다. 다른 사람에게 다가가는 기본적인 원칙은 바로 인사말이다. 그 다음으로 우리는 그 사람과 접촉점을 찾기 위해 다양한 시도를 한다. 쉽게 대답할 수 있는 날씨나 시사문제 등을 가지고 상대방과 대화를 시작해본다.

이어서 취미나 직업 등 좀 더 상대를 파악할 만한 것들에 대해서 질문이 오고갈 것이다. 그러다가 좀 대화가 진행되면, 본래 말하고자 했던 내용을 상대방에게 전할 것이다. 그것이 단순한 정보제공이든 부탁이든 간에 원래 말하고자 했던 내용을 말하게 된다. 대화의 목적을 달성했다면 상대방과 다음에 만날 약속을(특정일을 잡거나 불특정으로) 하고 인사와 함께 헤어지는 것이 통상적인 대화 순서이다.

아무런 대안과 대책 없이 상대방을 만나는 것은 급변하는 세계 속에서 비생산적인 일이다. 언제 어떻게 끝날지 모르는, 정작 말해야 될 내용은 말하지 못한 채 시간만 보내는 비경제적인 대화가 되기 쉽다.

상대방을 만나기 전에 미리 대화를 어떻게 구성할 것인가에 대해 생각해야 한다. 이것이 바로 대화조립이다. 각기 부분으로 나누어진 것을 가지고 하나의 완성된 모습의 대화로 만드는 기술이 바로 대화조립 기술이다.

대부분의 사람들은 능수능란한 기술을 타고난 이야기꾼이 아닐 것이다. 생각해보자. 조립도 그냥 마구잡이로 해버리면 다시 해체하고 재조립해야 될 상황이 생긴다. 대화도 그냥 조립한다면 시행착오를 겪을 수가 있다.

이럴 때 안전하게 조립하는 방법은 무엇인가? 조립하는 법이 쓰여 있는 한 장의 종이만 있으면 된다. 제작도라고 할 수 있는 종이 한 장이 수많은 시행착오를 겪을 우리의 시간을 절약하게 해준다. 이처럼 대화의 숲을 제대로 헤쳐 나가고 대화의 진수라는 보물을 찾아가기 위해서 우리에게는 대화지도가 필요하다.

우리가 일상생활에서 대화조립을 하기 위해서 다음의 몇 가지 핵심 사항이 도움이 될 것이다.

① 미소 띤 얼굴로 인사말을 하라.

② 불평불만, 비난의 말을 삼가라.

③ 주체적인 말하기를 위해 대답을 분명히 하라.

④ 상대가 말할 때는 귀를 기울여 경청하라.

⑤ 상대의 말에 칭찬과 격려를 하라.

⑥ 상대에게 주제를 설명할 때는 광고를 생각하라.

⑦ 대화의 취지에서 벗어날 때에는 빨리 복귀하라.

⑧ 간단하고 명료하게 상대가 이해하기 쉽게 말하라.

⑨ 자신감을 가지고 당당하게 말하라.

⑩ 약속시간을 엄수하라.

요리조리
맛있는 대화법

복잡하고 난해한 미로를 잘 빠져나가는 사람을 보고 요리조리 잘 간다고 말한다. 혹자는 요리는 일본말이고 조리는 우리말이니, 요리보다는 조리가 더 맞는 말이라고 한다. 그런데 일반적으로 조리는 만드는 과정을 뜻하고 요리는 그 결과를 나타낸다고 생각하는 게 맞을 듯하다. 그렇다면 우리가 밖으로 내보낸 말이 요리이고, 그렇게 만드는 과정이 조리일 것이다. 좋은 요리는 좋은 조리가 밑받침되어야 나오듯이 우리말도 조리를 해야 상대가 잘 이해할 수 있는 말이 된다.

이전에 인간의 유전자 정보라는 genome의 발음을 놓고 '게놈'이라고 불러야 할지, '지놈'이라고 불러야 할지 실랑이를 벌인 적이 있었다. '지놈'이 더 맞는 발음이라고 생각해서 좀 알

만한 사람들은 그렇게 부른다. 이것을 말에 빗대어서 생각해보자, 우리의 말도 조리가 없으면 게(Crab)놈의 말이 되어서 제대로 가지 못하고 우왕좌왕 횡설수설하게 되나, 그 반대가 되면 지(知)놈의 말처럼 유식하고 멋있게 들린다는 것이다. 그 이유는 바로 그 말이 조리가 되어서 감칠맛이 더하기 때문이다.

사람들은 대체로 앞뒤가 안 맞고 횡설수설하는 말과 반복적으로 되풀이하는 말을 싫어한다. 그런데 이것은 서로 상관관계가 있다. 사람은 횡설수설하게 되면 자신의 말을 끝까지 제대로 못했기에 자기가 하고픈 말을 할 때까지 계속하곤 한다. 그래서 조리 없는 말이 오고가는 대화는 서로를 피곤하게 만든다. 그러면 어떤 말이 조리가 있는 말일까?

좋은 요리가 되기 위해서는 재료가 좋아야 하듯이 말도 그 화제 선택을 잘해야 한다. 좋은 요리가 되기 위해서 재료를 잘 다듬어야 하듯이 말도 잘 다듬어서 사용해야 한다. 보기 좋은 요리가 먹기도 좋듯이 예쁜 말을 사용해야 듣기가 좋다. 요리의 종류와 분량이 상차림을 받을 상대를 위해서 준비되듯이 메시지의 형식과 방법은 상대에 맞춰서 정해져야 한다. 수많은 요리가 있어도 배부르기 위해서는 몇 가지면 족하듯이, 수많은 정보가 있어도 그것을 다 전할 수 없고 핵심적인 것만을 말해야 한다.

요리에 향신료를 더하듯이 대화의 맛을 부드럽게 하려면 유머를 사용하는 것이 좋다. 또 정식 요리가 순서에 따라 나오듯이 제대로 된 대화가 되기 위해서는 대화의 순서와 논리가 맞아야 한다. 같이 먹는 요리가 모임을 즐겁게 하듯이 쌍방이 참여하는 대화가 즐거운 대화이다. 잘 먹은 다음에 가벼운 후식이 필요하듯이, 중요한 내용의 대화를 마친 후에는 친교를 높이는 가벼운 이야기나 취미를 함께 하는 것이 좋다.

좋은 요리에는 조리법을 잘 아는 요리사가 필요하듯이, 좋은 대화에는 대화법을 잘 아는 화자가 꼭 필요하다. 우리 모두는 조리 있는 말로 상대방을 요리하는 화자가 되어야 할 것이다.

효과적인 대화를 위해서는 이렇게 해보자.

① 먼저 정확하게 자신을 소개하자

마주보고 말하든 전화로 얘기하든 이름부터 밝히자.

"만나서 반갑습니다. 저는 _____입니다."

"안녕하세요? 지금 전화하는 저는 _____입니다."

처음 이야기를 시작할 때 '내가 지금 누구하고 얘기하는 거지?' 라는 생각만큼 본래의 의도에서 빗나가게 하는 요소도 없다.

② 대화에 보탬이 되는 간결하고 정확한 손동작을 개발하자

이것은 여성에게나 남성에게나 모두 필요하다. 우선 손을 활짝 펴서 호감을 표시하자.

③ 이름을 기억하자

이것은 우리가 다른 사람에게 베풀어야 할 가장 중요한 예의이다. 누군가가 자신을 소개할 때에는 주목하자. 그리고 곧 그의 이름을 불러주자.

"배용준 씨, 만나서 반갑습니다."

혹시 이름을 정확히 알아듣지 못했을 때는, "죄송합니다. 잘못 들었습니다"라고 하자. 상대방은 자신의 이름을 알리고 하는 성실한 태도에 감사할 것이다.

④ 말을 할 때는 상대방과 눈을 마주치자

다른 사람이 말할 때에도 그의 눈을 똑바로 쳐다보자. 눈을 마주치는 것은 우리가 말하는 내용에 대한 확신을 불러일으킬 뿐 아니라 다른 사람의 말에 가치를 부여하고 있음을 나타내준다.

⑤ 상대에게 유익한 말을 하자

상대방에게 도움이 되는 말을 하자. 상대방이 관심을 기울이는 것에 대해 질문하자. 상대방이 자신을 표현하는 것을 도와주자. 아마 그들은 우리와 얘기하는 것을 좋아할 것이다.

⑥ 적극적으로 말하자

행복한 표정을 보는 사람도 기분이 좋아진다. 우리가 일하면서 생활하면서 얻는 즐거움을 함께 나누자. 그러면 모두들 우리와 친해지고 싶어 할 것이다. 불평이나 비난의 말은 삼가자(속으론 그리고 싶더라도 참자). 부정적인 말은 듣는 사람도 슬프게 한다. 그들은 이미 그들 자신의 고민을 지니고 있다. 남의 고민까지 짊어지게 하지 말자.

⑦ 신중하게 듣자

상대방이 하는 말 중에는 다른 사람에게 전달되지 않기를 바라는 내용도 있다. 입이 무거운 사람이 되어 그들에게 믿음을 주자. 그들은 편안한 기분으로 말할 것이다.

⑧ 상대방을 도우려는 태도로 대화하자

다른 사람의 생각에 관심을 보이자. 자기 주장을 내세우지 말자. 진심으로 그들의 생각에 관심을 기울이면 상대방에게도 그 마음이 전달되는 법이다. 물론 그들이 느끼는 신뢰도 되돌아온다. 거꾸로 자신의 관심거리로만 생각이 꽉 차 있는 사람이라는 느낌을 준다면 상대는 대화를 불편하게 여길 것이다.

⑨ 상대방에게 중요한 사람이라는 느낌을 심어주자

이것은 상대방에게 모든 관심을 기울이기만 하면 되는 일이다. 지금 이 순간에는 상대방의 일과 고민, 문제점만이 가장 중요한 것처럼 행동하자. 예전에 알았던 그들의 사정에도 관심을 보이자. 그렇게 한다면 기억력 좋고, 따스하고, 믿음직스런 대화상대로 존경받게 될 것이다.

⑩ 상대방의 말을 충분히 이해했다는 확신을 주자

일하면서 가장 골치를 썩이는 것도 바로 '오해'이다. 잘못 해석하고 잘못 이해한 데서 비롯되는 오해가 다른 어떤 이유보다 우리를 속상하게 한다. 상대방이 한 말을 자기 자신의 언어로 반복하면서 확실히 이해하자. 그리고 그들에게 확실히 이해했는지를 확인하자. 그러면 그들은 이해받은 사실을 고마워할 것이고 이해하려는 우리의 노력에 감동할 것이다.

⑪ 약속 시간은 반드시 지키자

지각은 '이 일은 나한테 중요하지 않다'는 말을 행동으로 보이는 것이다. 피치 못할 사정으로 늦게 될 경우에는 미리 전화하자. 늦는 이유를 솔직히 설명하고 언제쯤 도착할지를 정확히 밝히자. 늦게 도착해서 놀라게 하기보다는 미리 전화하는 사려 깊은 배려에 그들은 호감을 느낄 것이다.

⑫ 다른 사람의 입장을 먼저 생각하자

그들이 무엇을 원하는지, 그리고 나와 무엇이 다른지를 알고 받아들이려고 애쓰자. 그들의 시선으로 세상을 보려고 노력하자. 그리고 그들이 생각하는 대로 나를 생각하려고 노력해보자.

'어떻게 하면 내가 한 일에 상대방이 만족할까?'

어떻게 해야 다른 사람과 가까워질 수 있는지를 깨닫는다면 지금보다 훨씬 훌륭한 대화를 할 수 있을 것이다.

좋고 유익한 대화의 비결은 상대가 자기 곁으로 다가오게 하는 것이다. 이렇게 하는 가장 효과적인 방법은 상대방에게 자신의 가치를 느끼게 해주는 것이다. 가치 있는 존재라는 느낌과 중요한 존재라는 느낌은 인간이라면 누구나 갖고 싶어 한다. 자신을 열고, 힘을 합쳐서 서로에게 도움이 되는 일을 할 준비를 할 것이다. 자신의 가치를 인정해준 사람을 신뢰하는 것은 당연하다. 열린 마음으로 서로 신뢰하면서 힘을 합치는 것보다 더 즐거운 유대관계는 없다.

열정과 자신감 그리고 힘을 다른 사람에게 얘기하자. 그러면 곧 나와 일하는 즐거움을 함께 나누고 싶어 하는 사람들에게 둘러싸일 것이다.

사람들을 행복하게 하는 10가지 방법

1. 다른 사람들과 따뜻한 대화를 나눠라.
2. 사람들을 대할 때마다 미소 짓는 것을 잊지 말라.
3. 사람들을 대할 때마다 그들의 이름을 불러주라.
4. 항상 친절하며 남에게 도움이 되도록 하라.
5. 당신이 사귀는 모든 사람들에게 성심성의를 다하라.
6. 다른 사람이 말을 할 때 잘 듣는 진지한 마음을 가져라.
7. 너그럽게 칭찬해주고 비판을 삼가라.
8. 남의 감정을 상하지 않도록 조심하라.
9. 다른 사람에게 인정을 베푸는 사람이 되라.
10. 기회가 있을 때마다 봉사하라.

대화에도
전략이 있다

우리는 별 볼일 없는 것을 침소봉대하여 생각하는 경우가 많다. 이웃 간의 사소한 시빗거리를 가지고 감정을 못 이겨서 법정까지 가기도 한다. 논쟁을 좋아하는 민족이 아니지만, 필요 이상의 핏대를 올리며 자기 주장을 관철하고자 애를 쓰며, 상대가 자신의 주장을 받아들이지 않으면 분을 참지 못하는 경향이 많다. 대화에 전략 없이 임하고 생각 없이 막말을 하기 때문일 것이다.

회사에서 최고의 마케팅 실력을 보이는 어느 세일즈맨의 판매기술이 공개되었다.

"논쟁에 강한 사람은 상품을 팔지 못한다. 결코 논쟁에서 고객에게 이기지 말라. 또한 타사의 상품을 비판하지 말라. 상대방이 존중받고 있다고 생각하게 하고, 고객에게 신용을 팔아라!"

논쟁이나 큰소리가 대화의 목적을 이루는 데 유용한 수단이라면 사용하는 것이 좋겠지만, 대개의 대화에서는 역효과를 내기가 쉽다. 따라서 대화에는 전략이 필요하다. 연설가인 올리버의 스피치 전략을 우리의 대화와 관계시켜 보면 이렇게 말할 수 있다.

1) 명확한 목적을 형성하라

상대를 이해시키기 위해서는 먼저 달성하고자 하는 목적을 명확히 결정해야 한다. 목적 결정은 말하는 사람의 가장 중요한 부분으로서 자신의 모든 것을 그곳에 투입하여 정열적으로 끌고 가야 한다.

2) 상대를 명확히 알아두라

설득력 있게 말하려면, 상대를 분석하는 데에 많은 관심을 기울여야 한다. 어떤 제안이 상대에게 결정적인 영향을 미칠 수 있는가를 항상 숙고해야 한다. 또한 상대의 출신지역, 성격 등을 잘 고려해서 말해야 한다.

3) 논평보다 화해를 하라

밀힐 때 상대의 싸우는 것처럼 보이면 안 된다, 다시 말해 논쟁으로 상대를 굴복시키려 하지 말라는 것이다. 화해를 하지 않고 굴복시키려고 할 때 상대는 반항의 장벽을 구축하여 반격을 가해온다.

4) 과장하지 말고 여유를 두고 말하라

경험이 없거나 불리한 사람은 자기의 생각을 과장하여 즉시 표현하려는 경향이 있다. 그러나 세련된 사람은 당면 과제를 최소한 축소시키며 먼저 비판 대상에 대하여 호감과 존경심을 표한다. 그러면 상대는 더욱 미안하게 생각한다. 이렇게 논쟁과 시빗거리를 회피하여 화해적 태도를 보일 때 상대는 나를 높이 평가할 것이다.

이렇게 되기 위해서는 상대도 나와 비슷한 생각을 가지고 동조해야만 가능하다. 목소리 큰 사람이 이긴다는 속설을 믿고 있듯이, 화를 내고 흥분한 경우에는 어떻게 할까? 상대가 흥분한다고 해서 똑같이 화내면서 목소리 경쟁을 할 필요가 없다. 거기에 대응하기 위해서는 화날수록 침착하게 대응전략을 갖추고 말해야 한다. 그 전략이란 이렇다.

① 다른 사람의 기분에 좌우되지 않는다

침착함을 잃지 않을 때에야 비로소 이성적으로 생각할 수 있고 다른 사람의 공격으로부터 효과적으로 자신을 방어할 수 있다. 상대의 기분에 따라 변하지 않기 위해서는 마음의 보호막을 잘 쳐야 한다.

② 당당하게 말하자

상대에게 위축된 모습을 보이면 그만큼 상대는 더 무자비하게 덤벼든다. 공격자는 자신의 개성을 마음껏 펼치지 못하는 사람들을 겨냥하는 법이다. 왜냐하면 그런 사람들은 스스로 자신을 약하게 만들기에 싸우지 않고서도 쉽게 이길 수 있기 때문이다. 사냥감이 되지 않으려면 자신감 넘치고 당당한 자세가 필요하다.

③ 강박감에서 벗어나자

공격을 당했을 때 불쾌함이나 무력감에 빠지는 경우가 있다. 이런 것에 강박증을 갖고 있는 사람이라면 심리적 안정을 되찾는 응급처치가 필요하다. 일단 어떤 사람에게 화가 났다면 심호흡을 하고 나서 자신의 주위에 공간을 두며, 시간적 여유를 가져야 한다. 일정 시간이 지나면 본연의 마음자세로 돌아갈 수 있을 것이다.

④ 상대를 제풀에 지쳐 나가떨어지게 하자

상대가 이를 악물고 거품을 물며 덤벼드는 이유는 우리도 같이 화를 내도록 만들기 위해서이다. 이럴 때에는 맞대응하지 말고 상대의 기분이 풀리기를 기다리는 것이 좋다. 이를 위해

첫째로 상대의 자극적인 말을 가슴에 담아두지 말고 무시하라. 둘째로 눈을 부릅뜨고 상대를 뚫어지게 쳐다보며 아무 말도 하지 말고, 오히려 친근하게 웃어주라. 셋째로 상대가 부주의하게 내뱉은 말이라면 아예 무시하고 잊어버리는 것이 좋다.

⑤ 화제를 바꿔보자

상대의 공격이 강화되면 거기에 신경이 쓰일 수밖에 없다. 이럴 때에는 상대의 공격이 불발로 끝나도록 아무 대꾸도 하지 않고, 오히려 완전히 다른 화제를 끄집어내는 것이 좋은 전략이다.

⑥ 한마디로 받아쳐라

상대방의 말을 잘 듣다 보면 모순이 발견될 것이다. 그것을 기회로 때때로 순발력 있고 재치 있게 반격하는 것이 좋다. 말을 많이 할 필요는 없다. 한마디면 충분하다. 직설적으로 한마디만 해도 된다. "그래서 어쨌다는 거예요?"

⑦ 속셈을 쉽게 드러내지 말자

상대는 자신의 공격이 먹히는 것을 기대하면서 계속적으로 공격하기를 즐긴다. 내가 공격당하고 있다는 것을 드러낼 필요는 없다. 오히려 나를 공격하는 것은 쓸데없는 짓이라는 것을 보여주어야 한다. 이럴 때에 관련이 없거나 의미 없는 말이나 속담을 함으로써 상대를 혼란스럽게 만드는 것도 괜찮은 방법이다.

⑧ 되물어서 독기를 빼자

나에게 상처를 주려는 말이 무슨 뜻인지 상대에게 그 즉시 되물어라. 그러면 세 가지의 유익이 있다. 첫째로 상대는 질문에 대해서 내가 납득할 수 있도록 설명해야 하는 상황에 처하게 된다. 둘째로 되묻기를 통해서 시간적 여유를 가질 수 있다. 셋째로 더 이상 상대에게 끌려가지 않고 대화의 주도권을 잡을 수 있다.

⑨ 마음의 균형을 잃게 하라

상대의 의견을 충분히 이해할 수 있다는 것을 보여주고 나서 자신의 의견을 단호하게 주장하는 것이다. 상대를 칭찬해 궁지로 몰아넣을 수도 있다. 상대의 입지를 좁히는 것이다. 이것은 관대함이 밑받침이 되어야 성공할 확률이 높다. 그렇다고 해서 자신의 주장을 굽히라는 것은 아니다.

⑩ 감정적으로 받아치지 말라

공격에 대응하는 방법의 선택은 우리에게 달려 있다. 상대의 마음을 직접적으로 바꿀 수는 없지만 침착한 태도는 상대에게 영향을 미친다. 공격을 감정적으로 받아들이지 말고 상대를 자세히 관찰하여 현재 상태를 있는 그대로 지적해주라. 그리하면 상대는 자신을 객관화할 수 있는 기회를 가지게 된다.

⑪ 모욕적인 말은 저지하자

모욕적인 말을 듣고 나면 나도 모르게 똑같은 욕설을 내뱉음으로써 상대와 같은 수준이 돼버리기 쉽다. 이럴 때에는 지금까지의 대응 태도를 바꾸어서 극단적으로 대치하는 것이 좋다. 상대에게 나를 모욕했던 말이 무엇인지 분명하게 말하고 얼굴을 마주보며 사과를 요구하라. 한계를 명확히 설정하여 그런 식으로 취급하지 말라고 분명하게 말하는 것이 중요하다.

⑫ 핵심을 명확하게 말하자

상대의 행동에 일일이 대응하는 것은 에너지와 시간 낭비이다. 이럴 때에는 최선을 다해서 진솔하게 무엇이 자신을 아프게 하고 화나게 했는지 간단명료하게 말하라. 상대와 대화의 규칙을 정하고 갈등의 원인을 밝히자. 그리고 내 이야기를 간단하고 구체적으로 말하는 것이 좋다.

또 하나의 스피치 전략에 반복의 기술이 있다. 옛날 사람들은 자기가 쓴 부분이 아주 중요하다는 표현을 어떻게 하였을까? 오늘날에는 컴퓨터로 글씨의 모양이나 크기를 조절해서 작가가 강조하려는 부분을 변형해서 기록한다. 하지만 종이의 크기 제한도 있고, 다양한 서체를 사용하지 못하던 시절에는 강조하려는 단어나 문장을 반복해서 적었을 뿐이다. 그래서 반복한다는 것은 그만큼 중요함을 나타내는 표시였다.

이 반복하는 기술이 스피치에도 필요하다. 이것을 반복 유희(Repeat Play)라고 한다. 이것을 눈여겨보아야 한다. 이것은 과

거의 퇴색한 유물이 아니라 오늘날에도 사용되는 아주 훌륭한 광고기법이기도 하다. '침대는 가구가 아니라 과학'이란 광고 문구를 수없이 들은 아이들이 헷갈려 하는 것도 그와 같은 맥락일 것이다. 맞다, 그것이 바로 반복의 영향이다.

모 케이블 방송 채널에서 자기네를 대한민국 제일 채널이라고 말하기 시작했다. 그것도 한두 사람이 아니라 가장 잘 나가는 배우들이 여럿 나와서 그 방송사를 최고 채널이라고 소개한다. 이것이 퀴즈에 나온다면, 거의 모든 사람들이 다 그 방송채널을 최고라고 대답하지 않을까?

이게 바로 우리가 보고 듣고 있는 반복의 효과다. 우리도 스피치에 반복의 유회를 즐겨야 한다. 우리가 대화 중에 반복해서 말하는 것은 대부분 상대방에게 꼭 말하고 싶은 것이다. "다른 것은 몰라도 이것만은 당신이 알아야 합니다"에 해당되는 사항은 반복되어 우리의 입을 통해 나갈 수밖에 없다. 자신에 대해 알고 싶다면 자신이 자주 쓰는 말을 살펴보자.

소개받아 나간 자리에서 상대와 마주했을 때, 무슨 말을 해야 할지 모르겠거든 상대의 말을 주의 깊게 들어보라. 그러면 상대가 반복하는 말을 발견할 수 있을 것이다. 그 말을 통해서 우리는 상대가 무엇을 소중하게 생각하는지, 주관심사를 알 수 있다. 즉 반복을 통해서 상대방을 분석할 수 있다.

예를 들어 상대방에게 이렇게 묻는다고 해보자.

"이 사장님은 지금 어디를 가시는 중이었습니까?"

"네, 지금 은행에서 나오는 길입니다. 그리고 요기 앞 빌딩에 있는 친구를 찾아가는 중입니다. 친구가 거기서 사업을 하고 있습니다. 그나저나 최 형은 요새 경기가 어떻습니까? 다들 그렇지만 빨리 경제가 활성화되어야 할 터인데, 정말 걱정입니다. 이번 달에 직원들 보너스도 주어야 하는데…."

이 사장의 관심은 은행, 친구, 경제와 연관되어 있다. 필시 이 사장의 관심은 돈에 관한 것이리라. 더 자세히 말하면 대출 문제가 최대 관심사일 것이다.

끝으로, 우리는 상대방을 설득할 때에도 반복의 방법을 사용할 수 있다. 미녀가 석류를 좋아하는지, 여자가 석류를 먹으면 예뻐지는지는 모른다. 그러나 상식적으로 볼 때 어떤 채소나 과일로 만든 주스라도 영양가가 있을 테니, 피부에 조금이라도 영향을 미치는 것은 사실일 것이다. 그런데 위와 같은 석류 이야기를 자주 듣다 보면 마치 석류를 먹는 여자는 미인이고 예뻐질 수 있다는 생각을 하게 된다.

이처럼 설득에서도 반복의 효과는 대단하다. 한 번 들어서 상대방은 우리의 제안에 호기심을 가지게 되고, 두 번 들었을 때는 정말 그 제안이 효과적일 것인가를 고민하게 되고, 세 번 들었을 때에는 정말 제안대로 될 수도 있다고 생각할 것이고, 네 번 들었을 때에는 그동안 쌓은 유대관계 때문이라도 제안을 무시하지 못할 것이다. 특히, 설득 스피치에서 상대방을 위한 것이라는 제안을 반복해서 들으면 들을수록 상대방은 그렇게 생각할 수밖에 없을 것이다. 이제 반복 유회를 통해 스피치를 더욱 아름답게 만드는 것은 내가 해야 할 일이다.

성공을 원하는 사람들이 써야 할 말들

- 사랑합니다.
- 감사합니다.
- 반갑습니다.
- 이해합니다.
- 아름답습니다.
- 훌륭합니다.
- 참 좋습니다.
- 보고 싶습니다.
- 좋은 시간입니다.
- 좋은 생각입니다.
- 활기차게 보입니다,
- 건강해 보입니다.
- 믿습니다.
- 약속합니다.
- 잘하셨습니다.
- 승리할 것입니다.

3분 스피치의 요령

성공적인 3분 스피치를 위해서는 어떻게 해야 할까.

우선 모임의 취지를 잘 이해해야 한다. 어떤 모임이든 그 나름대로의 취지가 있다. 따라서 스피치 부탁을 받은 연사는 무엇보다 먼저 그 모임의 취지를 잘 이해해야 한다. 취지를 이해하지 못하면 초점을 맞추지 못하게 되고, 초점을 잃은 연사의 스피치는 아무리 그럴듯하더라도 그 모임의 흥을 깨는 역할밖에 못한다.

둘째, 자기의 입장을 분명하게 알아야 한다.

모임에 참석한 연사는 '주최자가 왜 나에게 스피치를 의뢰했을까?' 의도를 파악하여 그 핵심을 스피치 내용에 담아야 한다. 다시 말해서 자신의 입장에 걸맞는 스피치를 해야 한다. 대부분의 모임에서는 크게 주최 측과 초대된 손님 측의 두 가지 입장으로 나뉜다.

셋째, 주제를 살리는 화제를 선택해야 한다.

스피치의 승패를 좌우하는 것은 유효적절한 화제를 어떻게 전개하여 주제를 살려내는가의 문제이다. 대개의 화제란 주제에 대한 자기의 생각이나 경험담, 인상 깊었던 장면이나 에피소드 등을 들 수 있는데, 쉽사리 적당한 재료를 얻지 못했을 때에는 주제에 합당한 화제는 어떤 것이 있을까를 일단 노트에 적어본 뒤 검토하는 편이 손쉽다.

넷째, 시간 내에 할 수 있도록 한다.

모임에서의 스피치는 인사치레에 가깝기 때문에 가능한 한 간결하게 끝내는 것이 바람직하다. 일반적으로 3~5분 정도의 스피치가 알맞다. 가장 핵심적인 부분만을 효과적으로 표현하는 게 좋다.

다섯째, 목적에 따라 내용구성을 달리한다.

① 서론 → 본론 → 결론으로 화제를 전개하며, 그 처음과 끝에 인사말을 두는 방법이다.

② 결론을 서두에 두는 방법으로서 보고문 스타일이다. 의견이 보다 명쾌하게 전달되기 쉽다는 이점이 있다.

③ 서두의 인사말을 빼버리고 처음부터 결론을 내리는 방법인데, 이것은 젊은 층이나 동년배 사이의 모임이 좋다.

여섯째, 스피치에도 양념을 곁들여야 한다.

음식도 양념이 알맞게 가미되어야 제 맛을 내듯이, 스피치 또한 산뜻하고 흥미 있는 화제의 양념이 가해져야 효과를 높일 수 있다. 스피치에 있어서 불필요한 부분은 과감히 생략해야겠지만, 중심이 되는 화제에 맛을 첨가하는 일은 필수불가결한 요소이다.

일곱째, 예의바른 말을 사용한다.

스피치는 인격의 표현이라고 할 수 있다. 따라서 예의바르고 정중한 말을 사용해야 듣는 이의 호감을 사게 되고, 또 자신의 의견도 효과적으로 전달할 수가 있다. 말씨는 스피치 전체를 통하여 일관되게 유지할 필요가 있다.

여덟째, 알기 쉬운 말을 사용한다.

스피치에 있어서 간접적인 표현이라든가 쉽게 알아들을 수 없는 문구나 말은 가능한 사용하지 않는 것이 좋다. 부득이 어려운 용어를 사용해야 할 경우라면 간단한 해설을 곁들여 사용하는 것도 나쁠 것은 없다. 듣는 이의 이해도를 충분히 배려하여 알기 쉬운 말을 사용할 때 스피치 효과도 증가될 것이다.

아홉째, 삭제해도 좋을 부분을 잘라낸다.

유능한 꽃꽂이 강사는 "필요 없는 부분을 잘라내는 것이 꽃꽂이의 비결"이라고 가르친다. 스피치를 부탁받은 연사는 화젯거리를 수집하여 대강의 줄거리를 세우고 초안을 작성하게 된다. 이 단계가 끝나면 그 초안을 들고 실제의 말로 연습을 하게 되는데, 원고에 쓸데없는 말이 들어가지는 않았는가, 언어표현이 적절하게 되었는가, 그리고 주어진 시간에 알맞은 분량인가를 검토하여 필요 없는 부분을 잘라내야 한다.

마지막으로, 피해야 할 화제는 삼간다.

같은 말이라도 상황에 따라서 해도 될 때가 있고 하지 말아야 할 때가 있다. 예를 들어 결혼식에선 '헤어진다, 끊어진다, 찢어진다' 등의 말을 삼가야 하며, 준공 축하연에선 '탄다, 무너진다' 등의 말은 금기어이다. 불특정 다수가 모이는 곳에선 정치나, 종교, 사상에 관한 화제는 피하는 게 좋다.

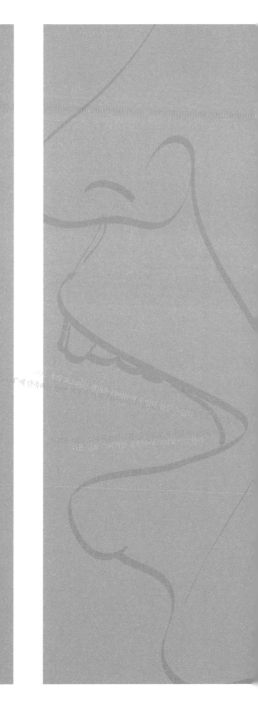

話

2 상대방을
위한
말하기

너와 나를
이어주는 말

사람들이 대화를 하려는 것은 그것을 매개로 상대방과 가까운 관계를 만들기 위함이다. 그러면 그러한 관계성 향상에 유익한 대화법은 무엇인가?

대화의 자리에서 가장 먼저 생각해야 할 것은 자신의 관심사가 아니다. 내가 관계를 맺기 위해서 만든 자리에서 대화의 중심은 당연히 상대방에게 가 있어야 한다. 즉 상대방에게 민감한 것이 관계적 대화에 성공하는 가장 기초적인 지름길이다. 내가 말하고자 해도 상대가 듣지 않는다면 관계성은 향상될 수 없다. 그러니 상대가 듣고자 하는 이야기가 대화 내용에 있어야 한다.

달리 말하면 상대의 관점에서 말하라는 것이다. 상대방의 생각과 관점이 전적으로 나하고 일치할 필요는 없다. 자신의 신념과 사상을 배제하고 진직으로 상대방의 의사에 따라야 한다는 말이 아니다. 단지 내가 상대의 편이 되어 그의 시각을 존중하고 그의 입장에서 생각해주므로, 상대가 내 말에 귀를 기울이게 만들어야 한다는 것이다.

누구든지 자신에게 유익하다고 생각하는 쪽의 말을 신경 써서 듣게 된다. 자신과 관계가 있는 사람의 말을 더욱 주의해서 듣는다. 강연이나 대화의 내용이 자신과 연관이 있다고 느껴질 때에 더욱 신중하게 듣는 것이 인지상정이다. 그러니 상대방의 신념이나 가치관이 나와 다르다고 해서 무시하거나 비웃는 태도를 취하는 것은 대화에서 금해야 할 첫 조목이다.

"왜, 그렇게 생각하십니까?"

이렇게 상대의 의견을 물어보는 것보다는,

"나도 당신의 입장이었다면 그렇게 생각했을 것입니다."

라는 말이 관계적 대화에 어울리는 말이다.

사람마다 자라온 처지와 환경, 성장배경에 따라 그 사고나 생각이 문화적 차이를 드러낸다. 그러나 상대의 이러한 차이를 주관적으로 판단해서는 안 된다. 오히려 객관적으로 어떻게 그러한 생각을 하게 됐을 것인가 그 경로를 파악하는 것이 더 유익하다. 상대가 나에게 관심을 가져주고 자신의 판단이나 생각을 비웃거나 단순한 호기심이 아니라 진지하게 들어주고자 할 때, 진심을 말할 수 있다. 비밀을 말할 만한 사이가 된다는 것은 의사소통에 있어서 가장 큰 성과를 가져온다.

따라서 관계적 대화를 높이기 위해서 상대방이 무엇을 소중하게 여기는지 알아야 한다. 예를 들면 다기를 소중하게 생각하는 이의 집에 가서 실수로 다기를 깬다면 대화는 더 이상 진행되지 못할 상황이 되지만, 그 집에 갈 때 내가 다기를 선물로 가지고 간다면 그 다음 대화는 자연스럽게 우호적인 분위기에서 진행될 것이다. 상대의 인생에서, 그의 가치관에서 혹은 인간관계에서 그가 무엇을 소중히 여기는지를 먼저 알고 말하는 것이 좋을 것이다. 사전에 그러한 정보를 얻지 못했다면, 가벼운 대화를 하면서 상대가 관심 있는 주제에 대해 말하기를 기다리는 것도 하나의 방법이다.

그러나 우리는 자신이 소중하게 여기는 것에 대해서 쉽게 말하려고 하지 않는 습성이 있다. "내가 가장 중요하게 여기고 내 생에 있어서 가장 의미를 지니는 것이 이것입니다"라고 말할 수 있는 상대를 짧은 시간에 발견하는 것은 어려운 일이다. 인간의 습성상 자신의 관점이 아니라 사회적 관점에서 중요한 것을 먼저 말하고, 좀 더 깊이 있는 관계가 되기 전에는 결코 자신의 관점에서 중요한 것을 말하는 경우가 드물다. 내가 이런 말을 하면 상대가 나를 이상하게 생각하지 않을까 염려하는 마음이 있기 때문이다.

그래서 상대방과 친밀감을 높이고 싶어도 상대가 중요하게 생각하거나 관심을 아주 깊게 두고 있는 사항이 무엇인지 알아내기가 어렵다. 그렇지만 간단하게 그러한 대화관계로 가게 만드는 주제가 있다. 바로 취미에 관한 것이다. 바둑이 취미라면 바둑에 관해서 말하고, 테니스가 취미라면 테니스에 관해서 말하라. 아니 차라리 상대를 기원이나 테니스장에서 만나서 같이 취미를 즐기면서 대화를 하는 것이 더욱 유리한 방법이다.

상대방의 신정한 관심사를 알아내기 위해서는 먼저 공통되거나 공유하는 주제에서 시작하여 대화를 나누자. 그러면서 그가 자신의 독특한 관심사와 생각을 말할 때 먼저 들어줄 수가 있다면 그 다음에 자신이 하고 싶은 말을 하는 데에 어려움이 없을 것이다.

관계성을 향상시키기 위해서 두 번째로 생각해야 할 요소는 자신에 대한 투자이다. 상대의 관심사에 귀를 기울여서 상대로 하여금 내 말을 들을 수 있게 준비시키고 나서 말을 해야 한다. 자신의 의사표시를 상대에게 분명하고 신속하게 전달할 수 있는 사람은 훌륭한 커뮤니케이터이다. 내가 보낸 언어를 통하여 상대가 나와 똑같은 생각을 하도록 만드는 것이 바로 과제인 것이다.

그러기 위해서는 상대가 내 말을 관심 있게 들을 수 있는 분위기를 조성해야 한다. 이때 내가 쓰는 단어나 어휘, 내용 등이 상대의 눈높이에 맞아야 한다. 특히 중요하게 언급하기 위하여 목청을 높이거나 소리를 지르는 수가 있는데, 대화 중에 흥분하는 것은 아주 불필요한 일이다. 상대가 호감을 느끼게 하려면 우호적이어야 하는데, 이런 흥분상태는 거의가 적대적인 태도로 보이기 쉽다.

친밀한 감정을 만들기 위해서 질문을 사용하는 것도 매우 용이한 방법이다. 그러나 내가 던진 질문에 대해서 상대가 심각해지거나 난센스의 대답이 나올 만한 물음은 피해야 한다. 특히 단도직입적인 질문에 즉시 부정적인 대답이 나오는 것은 가장 주의해야 할 문제이다. 상대가 쉽게 긍정적인 대답을 할 수 있는 질문이 좋다. 그래야 상대가 쉽게 자신의 말에 동화되어 지속적으로 말하고자 하는 바를 귀담아들을 수 있다.

또 하나 중요한 점은, 내가 상대방과 대화한 목적이 무엇이었는지를 먼저 생각해야 한다. 이 대화를 통해서 얻게 되는 결과가 무엇인지가 분명해야 한다. 만약, 길거리의 약장수라면 차력시범으로 구경꾼들에게 유흥거리를 제공해주는 것으로 할 일을 다했다고 할 수는 없을 것이다. 그는 약을 팔아야 한다. 약을 팔기 위해서 말을 하는 것이다.

이렇듯 만남을 통해서 내가 얻고자 하는 것이 정확하게 무엇인지 체크해야 한다. 만약에 세일즈맨이라면 '내가 무엇을 팔아야 하는가?' 혹은 '내가 양보할 수 있는 가격의 한계는 어디까지

인가?' '어떻게 협상이 결정될 것인가?' 등에 대해서 한계선을 지니고 대화를 해야 한다.

혹자는 이러한 대화에 대해서 복잡하게 생각하는 경우도 있을 것이다. 대화를 하다 보면 내가 무엇을 말하는지 모르고, 말하다가 엉뚱하게 방향이 틀어져서 대화의 중심이 산만해지는 사람이 있을 것이다. 이들에게는 단순하게 쉽게 말하는 법을 익히라고 말하고 싶다. 사람들은 흔히 복잡하고 화려한 수식을 붙여서 말하는 것이, 보다 고급적이고 품위 있는 대화라고 생각한다. 그러나 내 말을 상대방에게 잘 전달하는 것이 우선적이고 다른 것은 부차적이다. 자신의 뜻을 상대에게 잘 전하기 위해서는 쉽게 간단하게 말하는 것이 유익하다.

여러 사람하고 말을 하고도, 상대가 내 말에 귀를 기울이지 않는다고 울적해질 수가 있다. 그것은 내가 재미없게 말해서 상대가 관심을 안 가지는 것이 아니라, 십중팔구는 내가 상대방이 쉽게 접근하도록 전하지 못했기 때문이다. 상대가 나의 말을 가장 진솔하게 들을 수 있는 때는 솔직하게 속마음을 털어놓으며 이야기할 때이다. 자신의 이야기는 자신이 가장 쉽고 단순하게 할 수가 있다. 그리고 아무런 가식 없이 자신이 노출되면, 약점이 있고 문법이 잘 안 맞고 어눌한 구석이 있다고 해도, 상대는 관심을 가지고 내 이야기를 끝까지 듣게 되는 것이다.

결론적으로 우리의 대화는 관계적이라는 것을 명심하자. 무슨 진리를 외치거나, 수학이나 물리학의 공식을 암기해서 일방적으로 말하는 것이 아니다. 상대방과 호흡을 맞추어 상호교감이 되어야 하는 것이다.

사내 인간관계를 좋게 하는 표현법

1. 상대방과 공통점을 찾는다.
   "아, 그거… 저도 무척 좋아합니다."
   "저하고 취미가 같군요."
   "저도 그 계획에 관심이 있습니다."
2. 상대방에 대해 친밀감을 강조한다.
   "입장이 곤란하셨죠."
   "힘들죠. 끝나고 우리 식사나 함께 합시다."
3. 상대방의 의견에 대해 긍정적인 동의를 한다.
   "저도 같은 의견입니다."
   "좋은 생각이네요."
   "김 과장은 잘못 판단하고 있더군요."
4. 칭찬을 한다.
   "기발한 아이디어인데요."
   "야! 정말 근사한 생각입니다."
   "프레젠테이션이 아주 설득력이 있던데요."
5. 상대방에 대해 관심이 있으며, 능력을 인정하고 있음을 표현한다.
   "어제 늦게까지 일하셨죠? 전 그렇게 하라면 못할 겁니다."
   "어느 누구도 하지 못할 아주 명쾌한 지적이었습니다."
6. '함께'라는 동료의식을 표현한다.
   "우린 한 배를 탄 셈이잖아요! 힘 좀 내세요."
   "우리 모두가 함께한 것이 아닙니까!"

지피지기
백전백승

나와 대화하는 상대방에 대해 관찰한다는 건 어떤 의미일까.

레스토랑이나 커피숍에 가면, 거의 아무 생각 없이 커피를 주문하는 적이 많다. 메뉴판에는 여러 종류의 커피가 있지만, 그냥 커피라고 말하곤 한다. 그리하여 커피 마스터가 자기 스타일로 섞어서 맛을 낸 마스터 브랜드 커피를 먹으면서 맛에 대해서 이리저리 품평을 하지만, 대체적으로 무난하게 받아들인다. 크림이나 설탕을 자기 입맛대로 넣어 먹을 수 있어서 불평이 별로 없을 수도 있다.

그러나 헤어스타일에 대해서는 어떠한가? 미용실에 가면, 대부분의 사람들은 자신의 스타일에 관해서 주문을 한다. 미용사에게 마음대로 하라고 하는 경우도 많은 것이 사실이다. 여기서 우리말의 어려움이 있다. 마음대로라는 것은 전문가적 차원에서 보기 좋게 미용사가 손봐달라는 의미일 것이다. 그런데 미용사가 자기 마음대로 했을 때에 거기에 전적으로 만족할지는 의문이다.

그럼에도 우리가 미용사에게 자신의 헤어스타일을 마음대로 하도록 놔둘 수 있는 이유는 무엇인가? 그것은 미용사가 자신을 잘 알고 있다고 생각하기 때문이거나 미용사 정도면 내 스타일이나 요새 유행에 대해서 어느 정도는 잘 알고 있으리라고 믿기 때문이다. 즉 미용사의 자신에 대한 관찰력을 어느 정도 신뢰하는 것이다.

택시기사를 그 사회의 민심과 문화에 대해 알 수 있는 척도처럼 생각하는 이유는 무엇일까? 그것도 같은 맥락일 것이다. 택시기사는 손님들의 이야기를 듣고 그것을 또다시 다른 손님들에게 전하므로, 사람들이 무슨 생각을 하고 어떻게 살고 있으며 정부의 시책이나 시사에 대해서 어떤 견해가 있는가를 알 수 있다. 그리고 택시기사가 보여주는 행동에 따라서 그 지역에 처음 발을 딛는 사람들은 그 사회의 모습을 엿볼 수 있기 때문이다.

상대에 대한 관찰은 서비스업에 종사하는 사람들에게는 필수적인 사항이다. 자신의 영업점을 방문한 손님의 기호가 어떤지, 무슨 상품을 선호하는지 등등에 대해서 잘 알아야 손님이 물건을 기분 좋게 사가지고 간다. 이것은 큰 노하우가 필요한 게 아니라 경험이 축적되고 오래될수록 자연스럽게 익혀지는 능력이다. 식당의 종업원도 손님이 어느 자리를 좋아하고, 어떤 음식을 주문하는지, 말투에 따라 상대방의 마음이 어떠한지를 알 수 있고, 그에 맞는 접대를 함으로써 손님을 편하게 해줄 수가 있다. 그런 점에서 단골손님이나 단골고개라는 말로 손님의 입장이나 영업자의 입장에서 서로를 편하게 만들어주는 관계가 형성되는 것이다.

우리는 어째서 상대방을 관찰할 수 있을까? 그것은 사고방식이나 의견 등은 얼마든지 꾸며낼 수가 있지만, 이제까지 취해온 행동에 대해서는 꾸며낼 수가 없기 때문이다. 평소와 다른 행동이나 말을 하게 되면, 그 표정에 자연스럽지 않은 부분들이 드러난다. 그것은 바로 현재의 우리는 과거의 우리가 중첩된 가운데 형성되었기 때문이다. 그 누구의 현재는 자신이 과거부터 해온 습관과 무관하지 않다.

말을 함에 있어서도 상대방을 잘 관찰할 필요가 있다. 대화가 상호 교류적 차원이 되려면, 상대방을 진지하게 관찰하고 나서 말을 해야 한다. 상호 교류하기 위해서는 먼저 상대방의 자존심이 어떤 것에 민감하게 반응하는지를 살펴야 한다. 처세에 능한 사람들이 아니라면, 대체로 그 자신이 자존심을 민감하게 느끼는 부분이 있다.

대화를 할 때에 내 말이 상대방의 자존심을 상하게 하는 경우가 없도록 주의해야 한다. 상대방의 사회적 위치와 외모 등을 고려해서 상대가 어떤 말에 민감하게 반응하는지를 관찰해야 한다. 그래서 조금이라도 자존심을 상하게 했다면 사과해야 한다. 자존심이 상한 상태에서는 대화의 진전이 없기 때문이다. 상대방의 자존심을 존중하는 가운데 대화를 해야만 상대방은 자신이 가치 있는 존재임을 느끼게 되어, 깊이 있는 대화가 이어질 수 있다.

그 다음으로 상대방의 이야기에 대해서 공감하면서 들어야 한다. 그 누구든지 자신의 말을 듣는 사람하고 계속 이야기하려는 것이 인지상정이다. 이것은 무조건 상대방의 말에 찬동하며, 상대가 이야기하는 내용을 무조건 좋아하거나 칭찬하는 것을 의미하지 않는다. 흔히 우리는 공감하는 것을 상대방의 의견에 동감하는 것으로 오해하고 있다. 하지만 공감은 상대방과 똑같은 것을 경험하고 같은 감정을 가지고 동조하는 것이 아니다. 비록 내가 상대와 처한 상황이 다르지만, 상대방이 그렇게 행동하거나 말할 만한다는 것을 입장을 바꿔볼 때에 이해할 수 있다는 상태를 말한다. 즉 공감이란 상대의 처지를 자신의 입장에서 조금은 이해할 수 있다는 것을 의미한다.

이해받을 때에만이 우리는 대화를 지속해나갈 수가 있다.

그래서 상대방의 이야기에 전적으로 동감하지 않더라도 상대가 그러한 이야기를 하는 것에 대해 공감하면서 듣는 것이 필요하나.

끝으로 상대방의 이야기에 협력차원에서 말해야 한다. 대부분의 대화는 자신의 필요에 의해서 출발하는 경우가 많다. 그래서 그 대화는 자신의 필요함을 상대에게 이야기하고 상대의 긍정이나 부정적인 대답으로 끝이 나는 경우가 많다. 그 대화 속의 주연은 자신이며 상대방은 조연이나 단역으로 출연해서 한두 마디를 하고서 끝나는 단막극과 같다. 그러한 대화는 영업적이고 공식적이어서 사적이고 친밀한 관계를 유지시키는 데에는 거의 소용이 되지 못한다.

최근에 보험외판원을 생활설계사라고 부르는 이유가 무엇인가? 그 명칭의 변화가 바로 보험영업의 태도변화를 말해주는 것이 아닐까? 보험외판원을 만날 때, 그 사람은 우리에게 보험을 한 가지라도 더 들게 하려고 안간힘을 쓰는 판매원처럼 생각된다. 그러나 생활설계사를 만난다면, 그가 나의 삶을 설계하는 데에 도움을 주고, 유익한 정보를 주려는 사람으로 생각될 것이다. 물론 그러한 말을 하면서 보험을 드는 것이 좋겠다는 말도 하겠지만 말이다.

대화하는 도중에 대화의 주체가 바뀌는 현실을 만날 수 있다. 물론 나의 필요에 따라 상대방과 대화를 하는 경우가 많겠지만, 대화를 지속함에 있어서 내가 상대방의 문제에 협력하고 싶다는 것을 보여주어야 하는 것이다. 그래야만 대화의 중심이 내가 아니라 상대방에 있다는 것을 상대가 자각하기 때문이다. 자신이 대화를 주도하고 있다고 느낄 때에 대화의 결과가 좋게 나올 수 있다. 자신이 먼저 필요해서 시작한 대화라고 할지라도 협력적 관계로 상대방과 대화해야 한다는 사실을 놓치지 말아야 한다.

청중 분석의 10가지 포인트

1. 청중의 이해수준을 파악한다.
2. 청중이 이야기를 듣는 목적을 확인한다.
3. 청중의 지위, 경력에 대해서 체크한다.
4. 청중 수를 파악한다.
5. 청중의 남녀 비율을 파악한다.
6. 청중의 연령 구성을 알아둔다.
7. 청중 가운데 중요 인물이 누구인지를 고려한다.
8. 이야기할 시간대를 선택한다.
9. 청중의 지역적 특성을 염두에 둔다.
10. 특히 주의해야 할 점을 메모해둔다.
* 커뮤니케이션의 효과는 듣는 사람에게 달려 있다.

서렇게 행농하면
이렇게 말하자

일반적으로 사람들은 태어나면서부터 성장하여 현재에 이르기까지 자기 나름대로의 독특한 동기요인에 의해 일정한 방식으로 행동을 취하게 된다. 그것은 하나의 경향성을 이루어 자신이 일하거나 생활하고 있는 환경에서 아주 편안한 상태로 자연스럽게 그러한 행동을 하게 된다. 우리는 이를 행동패턴, 혹은 행동유형이라고 한다.

이것은 자신이 가진 마음과 생각이 외부적인 행동으로 나타나 가장 자기다운 모습으로 보이기 때문에 가능하다. 또한 인간은 행동할 때에 자신이 선호하는 방향으로 선택하는 경향이 있어 행동유형이 생기게 된다. 선호한다는 것은 자신에게 익숙한 방법이나 습관에 따라 좋아하는 기호가 결정되는 것을 말하며, 자신의 경험상 더 쉽게 어떤 작업을 처리하는 방법이나 좋아하는 작업이 있다는 것을 말해준다.

그러나 인간은 내부에 존재하는 생각을 전부 그대로 행동으로 옮기며 살 수는 없다. 그것은 우리가 사는 사회는 상호관계를 맺고 자기의 체면이나 남에 대한 배려로 내면의 욕구를 걸러가면서 표현하고 행동하도록 교육받아왔기 때문이다. 그러한 사회에서 우리가 행동유형을 살펴보는 이유는 무엇일까. 사람에 따라 신념이나 가치관, 그리고 행동이 다르다는 것은 단순히 옳고 그름의 문제는 아니며 개성의 차이일 뿐이기에, 행동조절을 통하여 서로의 인간관계가 더욱 밀접해질 수 있기 때문이다. 더 나아가 서로 유형이 다른 사람들의 자기 표현방식이나 대화방식에 대해서 알아보는 데에도 의미가 있다.

만약 의사소통에 문제가 있다면 자신의 행동유형을 파악해 봄으로써, 자신의 타고난 기질이나 행동은 다른 사람과 어떻게 다른가, 나는 일상생활에서 왜 그렇게 행동하는가를 이해하고, 이로써 인간관계와 업무효율성을 높여갈 수 있을 것이다. 즉 타인을 이해하고 나의 행동과 화법을 수정함으로써 성공적인 인간관계를 만들어가게 된다는 것이다.

사람은 어떻게 환경을 인식하고 또한 그 환경 속에서 자기 개인의 힘을 어떻게 인식하느냐에 따라 네 가지 형태로 행동을 하게 된다. 그것은 자신이 의식하건 못하건 간에 평소에 많이 하는 행동 두 가지와 별로 하지 않는, 즉 적게 하는 행동 두 가지로 나타난다. 이 행동유형에는 좋고 나쁨이 없으며 다만 특성 상황에서 어떤 행동을 하는지로 구분된다. 자신의 행동유형 패턴과 이 경향성을 잘 파악하여 강점은 개발하고 약점은 보완해야 할 것이다.

이러한 인식을 축으로 한 인간의 행동을 주도형(Dominance), 사교형(Influence), 안정형(Steadiness), 신중형(Conscientiousness) 등 네 가지 행동유형 패턴(DISC)으로 구분하여 설명해보겠다.

사실 이 유형들은 환경에 대한 인간의 인식으로부터 인간행동을 이론화한 W. 마르스턴(Marston) 박사의 연구결과에 따른 것으로 개발되었다. 현재는 전형적 인간유형으로 개발자형(developer), 객관주의형(objective thinker), 결과지향형(result-oriented), 설득형(persuader), 성취자형(achiever), 실천형(practitioner), 오버쉬프트형(overshift), 언더쉬프트형(undershift), 완벽주의형(perfectionist), 전문가형(specialist), 중개자형(agent), 중간형(tight), 직감형(inspirational), 창조형(creative), 촉진자형(promoter), 카운슬러형(counselor), 탐구자형(investigator), 평가자형(appraiser)이라는 현실적인 유형을 보여주고 있다. 역시 그 기반이 되는 것은 DISC 유형이기에 이것에 근거하여 생각하는 것이 유용할 것이다.

1) 주도형

일반적 성향은 목표 지향적으로 개발형, 결과 지향형, 직감형, 평가형의 업무에 강한 성향을 보인다.

장점은 즉시 성과를 올리며 책임감이 강하다, 신속한 결정을 내린다, 포기하지 않는다, 책임을 떠맡기를 좋아하고 권한을 부여받고 싶어 한다, 자신감이 있고 최고가 되는 것에 관심이 많다, 도전적인 환경을 잘 받아들인다, 열심히 일한다, 문제를 피하지 않고 해결하려고 하는 점 등이다.

약점은 매우 성급하며 거칠게 행동할 수 있다, 다른 사람에게 관심이 없어 강제적이고 독재적으로 행동할 수 있다, 위험부담과 경고를 간과한다, 융통성이 없고 고집이 세다, 지나치게 과중한 일을 맡는다, 세부사항을 무시한다, 제한받는 것을 참지 못한다, 다른 사람들에게 너무 많은 것을 요구하는 점 등이다.

가장 선호하는 환경조건은 계속적인 도전이 주어지는 상황이거나 다양한 활동이 가능할 때, 그리고 행동의 자유를 누릴 수 있을 때이다.

2) 사교형

일반적 성향은 사람 지향적으로 촉진형, 설득형, 카운슬러형, 창조형의 업무에 강한 성향을 보인다.

장점은 매사에 낙관적이고 열정적인 상황을 선호한다, 표현력이 좋아 일을 부드럽게 풀어나간다, 즐거운 분위기를 만든다, 다인에게 인정받기 원하고 자신의 외모에 관심이 많으므로 대체로 남에게 좋은 인상을 준다, 인간미가 있고 열정적이다, 다른 사람을 설득하는 능력이 있다, 외향적이고 사람을 잘 사귄다, 세련되고 화려하며 자기의 개성을 잘 살린다, 융통성이 많고 개방적인 점 등이다.

약점은 싫증을 잘 내므로 일의 끝마무리가 부족하다, 분위기나 사람에게 지나치게 동조하는 경향이 있어 어느 자리에서나 너무 말을 많이 한다, 충동적으로 행동하고 급하게 결론을 내린다, 무리하게 약속을 한다, 교묘한 말로 설득한다, 능력에 대한 평가를 과대하게 한다, 결과에 대해 지나치게 낙관적이다, 장소에 어울리지 않게 너무 튈 수 있다는 점 등이다.

가장 선호하는 환경조건은 새롭고 화기애애한 분위기와 통제받지 않고 사소한 일들에 얽매이지 않는 자유로운 환경과 다른 사람에게 영향을 미칠 수 있는 환경이다.

3) 안정형

일반적 성향은 팀 지향적으로 전문형, 중개자형, 실천형 등의 업무에 강한 성향을 보인다.

장점은 협조적이며 쉽게 동의한다, 충성스럽다, 남을 잘 섬

기며 인간적인 관심을 좋아한다, 꾸준한 일관성과 인내심이 많다, 작업수행이 안정되어 있다, 대인관계가 원만하며 팀워크와 조화를 중시한다, 다른 사람의 의견을 잘 들어준다, 구조화된 시스템을 원한다는 점 등이다.

약점은 위험하거나 급격한 변화를 두려워한다, 자신의 의견을 주장하지 못하며 지나치게 관대하다, 일을 미루며 정해진 시간에 일을 마치기 어렵다, 우유부단하다, 갈등이 생기면 피하려고 한다, 감정을 잘 표현하지 않는다, 수동적이다, 완벽을 기하려 집착하기 쉽다는 점 등이다.

가장 선호하는 환경조건은 다른 사람에게 지시를 받을 수 있을 때와 지속적이고 일관성이 있을 때이며, 친절하고 평화로운 환경이다.

4) 신중형

일반적 성향은 과업 지향적으로 객관주의형, 완벽주의형, 탐구형의 업무에 강한 성향을 보인다.

장점은 정리 정돈을 잘한다, 유능하며 자료와 정보를 중요시한다, 자기 훈련에 철저하며 신중하게 결정한다, 정확하고 심사숙고하여 반응한다, 외교적 수완이 있다, 논리적이고 분석적이다, 높은 기준을 가지고 있다, 쉽게 흥분하지 않고 침착하다, 인내심과 집중력이 강하다.

약점은 지나치게 조심스럽고 따지는 것처럼 보인다, 세부적인 일에 얽매인다, 일하는 방법에 있어 융통성이 없다, 비판하기를 좋아하고 논리적인 면을 지나치게 강조한다, 자발성이 약하다, 의심이 많고 고집이 세다, 비판에 예민하게 반응한다, 비관적이다.

가장 선호하는 환경조건은 분명하게 명시된 업무가 주어져 있을 때와 정밀성이 요구될 때이며, 제한된 위험을 선호한다.

[유형별 대응방법]

● 주도형

· 'What'에 관해 설명해준다.

· 신속하게 진행한다.

· 결과와 성취에 대해 지지해준다.

· 즉각적인 행동에 관해 말한다.

· 자유롭게 일하도록 맡겨둔다.

· 도전할 수 있는 기회를 준다.

· 경쟁적인 목표를 제공한다.

· 스스로 결정하게 한다.

· 리더십을 발휘할 수 있도록 책임을 부여한다.

· 사실에 근거하여 불일치한 부분에 대해 논쟁한다.

● 사교형

· 'Who'에 관해 설명해준다.

· 정열적이고 낙천적으로 행동한다.

· 감정을 지지해준다.

· 세부사항보다 상징에 초점을 두고 말한다.

· 절제력을 발휘하게 한다.

· 자율성을 부여한다.

· 공개적으로 인정하고 관심을 보인다.

· 새로운 변화를 시도하게 한다.

· 신속하고 생동감 있게 행동한다.

· 아이디어를 지지해주고 꿈과 이상을 깨뜨리지 않도록 한다.

● 안정형

· 'How'에 관해 설명해준다.

· 침착하게 행동한다.

· 수용적이고 지지하는 태도를 보인다.

· 개인적인 부분에 관심을 보인다.

· 선도적인 행동을 하게 한다.

· 재촉하지 말고 여유를 갖는다.

· 개략적인 목표를 두고 구체적으로 지시한다.

· 소속감과 안정감을 갖게 한다.

· 인간적인 신뢰감을 갖게 한다.

· 친해지고 난 후에 격식 없이 대하는 태도를 인정한다.

● 신중형

· 'Why'에 관해 설명한다.

· 계획적으로 진행한다.

· 원칙을 지지해준다.

· 사실과 정보를 제공한다.

· 마감시간을 제시해준다.

· 자료점검을 하는 동안 참고 기다린다.

· 혼자서 할 수 있도록 독립성을 보장해준다.

· 일관되고 공정하게 대한다.

· 신속하게 결정할 수 있도록 질문을 던진다.

· 책임을 맡으면 다른 사람의 수행과정을 체크하도록 지시한다.

호칭

1. 호칭은 성과 직급을 함께 부른다.

   과장님, 실장님, 부장님 → 김 과장님, 이 실장님, 박 부장님.
   - 같은 직급이 1인일 경우는 혼돈되지 않으므로 예외.
   - 사장의 경우는 1인이므로 '사장님.'

2. 자신보다 낮은 직급의 사람을 호칭하기.

   김 과장, 박 부장, 오 차장, 최 선생.

3. 문서에서는 '님'은 삭제.

   사장님의 특별지시 사항 → 사장 특별지시 사항.

4. 경어는 사람에게 사용한다.

   차장님 책상, 부장님 가방 → 차장 책상, 부장 가방.

5. 호칭을 듣는 사람보다 직위가 낮은 사람은 '님'을 생략한다.

   사장님, 그것은 김OO 과장님이 지시하신 사항입니다. → 사장님, 그것은 김OO 과장이 지시한 사항입니다.

6. 부부간에는 서로 동격이므로 '저'가 아닌 '나'를 사용한다.

7. 부하직원은 상사에게 '수고하셨습니다' '수고하세요' 등의 표현은 쓰지 않는 것이 바람직하다.

상대방을 위한
말하기 기술

상대방과 성공적인 대화를 나누는 데에도 기술이 필요하다. 다음에 소개하는 다섯 가지 대화법을 생활 속에서 잘 활용해 보기를 바란다.

1) '그럴 수도' 대화법

대화에서 호기심을 불러일으키는 것 중 하나가 '그럴 수도' 대화법이다. 이것은 상대방의 이야기를 선택하거나 판단하지 않으며, 설사 판단과 선택을 했다 하더라도 그것을 섣불리 믿지 않는 '윈윈 대화법'을 말한다.

예를 들어, 누군가가 당신의 의견에 반대한다고 가정해보자. 그때 '그럴 수도 있겠지'라고 말하는 것이 바로 '그럴 수도' 대화법이다.

이 대화법은 사물을 보는 개개인의 관점과 느낌이 중요하다는 사실을 깨닫게 해준다. 자신이 결과적으로 무엇을 하게 되든, 그리고 자기 생각이 상대방의 이야기에 영향을 미치든 아니든 상관없이 양쪽의 견해는 모두 중요한 것이다.

그럴 수도 대화법은 다음과 같은 특징을 지니고 있다.

- 나와 상대방은 똑같은 취급을 받을 수 있다는 것을 전제로 한다.
- 나와 상대방의 생각 및 느낌을 해치지 않고, 그것을 충분히 주장할 수 있는 바탕을 마련해준다.
- 양쪽 모두를 인정하는 것이므로 서로 보다 깊은 친밀감을 느끼게 된다.
- 나의 뜻을 보다 분명히 할 수 있는 기회가 생긴다.

상대방을 이해한다는 것은 상대방의 말에 적극적으로 반응한다는 것을 의미한다. 사람은 누구나 자신이 말하고 느끼는 것을 상대방도 확실히 느끼기를 기대한다.

새 자동차를 뽑아 잔뜩 기대감을 갖고 "이 차, 어때?"라고 질문했을 때를 생각해보자. "응, 괜찮네"라는 반응보다 "정말 끝내주는데!"라든가 "부럽다" 또는 "나도 갖고 싶어"라는 반응을 더 좋아하게 마련이다.

이것을 반대로 생각하면 타인의 말을 들을 때, 그처럼 반응하면 설득이 쉬워진다는 것을 뜻한다. 그 이유는 받은 만큼 돌려주지 않으면 불편해하는 인간심리 때문이다. 따라서 대화에 적극적으로 참여하고 반응할수록 대화의 효과는 높아진다.

2) 눈맞춤, 몰입 경청, 메아리

■ 눈맞춤

성공적인 대화 기술에서 가장 중요한 것은 눈 맞춤이다. 눈 맞춤 없이 이야기한다는 것은 그만큼 상대방을 배려하지 않는 것이고, 상대방에 대해 관심이 없는 것이며, 상대방과 적극적인 대화를 원하지 않는다는 의미이다. 그렇기 때문에 상대방과 눈맞춤을 한다는 것은 가장 기본적인 대화법이다.

■ 몰입 경청

눈맞춤을 한 다음에는 상대방이 이야기하는 내용을 온몸으로 들어주어야 한다. 눈과 귀와 잎과 온몸을 동원하여 듣는 것, 이것이 바로 몰입 경청이다.

그렇게 몰입 경청을 하면서 중간 중간에 아름다운 메아리를 상대에게 들려주는 것이야말로 가장 좋은 대화 기법이며, 그로 인해 보다 나은 인간관계를 맺을 수 있다.

■ 메아리

산에서 '야호~' 하고 외치면 '야호~' 하고 메아리가 돌아오듯이, 대화 중간 중간에 상대방이 한 이야기 중에서 중심이 되는 단어나 이야기들을 다시 들려주는 것이다. 그대로 들려주는 메아리도 좋지만, 좀 더 아름답게 들려주는 '아름다운 메아리'가 보다 효과적이다.

가령 좋은 것은 그대로 들려주거나 더 오버해서 들려주어도 상관없지만, 부정적인 것은 그것을 긍정적으로 희석시켜서 아름답게 들려주는 것이 바람직하다.

3) '소금 치기' 대화법

소금 치기 대화법 역시 효과적이고 설득력 있는 대화를 위한 방법이다. 이는 상대방이 특별히 주의를 집중해주길 바라는 중요한 요점이나 정보에 대해 상대방의 주의를 지속적으로 묶어두는 것을 뜻한다.

다음 이야기를 통해 소금 치기 대화법에 대해 알아보자.

"캐리! 아빠는 방금 이 자서전을 다 읽었는데, 정말 인상적이더구나."

"왜요?"

캐리가 궁금증 가득한 얼굴로 물었다.

"여러 가지 이유가 있지. 하지만 그 중 한 가지는 그녀가 매우 재치 있다는 점이다. 그녀는 어떤 남자를 사랑하게 되었는데, 그 남자는 너무도 바빠서 그녀에게 단 하루도 시간을 내줄 수가 없었다는 거야. 더 정확하게 얘기하자면, 그는 그녀가 존재한다는 사실조차 잊고 있었던 거지."

"어떤 상황이었는지 알겠어요."

"그런데 어떻게 되었는지 아니?"

"아뇨, 어떻게 되었는데요?"

"그녀가 그 남자에게 일종의 k법을 사용했다고나 할까… 그는 그녀를 눈여겨보기 시작했을 뿐만 아니라, 그녀가 그를 사랑하게 되었던 것보다 더 빠르게 그녀를 사랑하게 된 거야. 게다가 며칠 만에 그녀에게 청혼까지 했다는구나."

"우와! 어떻게 했는데요?"

캐리가 기대에 차서 물었다.

"쉽게 설명하기는 어렵구나. 하지만 이 책에 자세히 나와 있어."

캐리는 아버지의 손에서 그 책을 빼앗아 들었다. 그리고 다급히 말했다.

"몇 페이지에 있어요?"

"기억이 안 나는데."

"혹시 몇 장이었는지 기억하세요?"

"아니, 하지만 금방 찾을 수 있을 거다. 아주 빨리 읽히는 책이

거든."

아버지의 말이 끝나자마자 캐리는 그 책을 가지고 자기 방으로 들어갔고, 단 두 시간 만에 끝까지 읽었다.

너무 많은 소금을 치거나, 소금을 넣기에 적당하지 않은 것에 소금을 치면 부정적인 결과를 낳을 수도 있다. 팝콘이나 스테이크에는 소금을 쳐도 된다. 하지만 초콜릿 케이크에 소금을 친다면 누구든 인상을 찌푸릴 것이다. 또한 스테이크에 소금을 약간 뿌리는 것은 좋아할지라도 통째로 부어대는 것은 싫어할 것이다.

대화의 경우도 마찬가지다. 당신은 상대방의 주의를 계속해서 집중시키기 위해 소금을 친다. 혹은 당신이 원하는 것을 상대방이 따르도록 하기 위해 소금을 친다. 그러나 한 번의 대화를 위해 너무 많은 소금을 치면, 상대방은 이렇게 말할 수도 있다.

"그만하면 충분해. 요점을 얘기하라고."

소금을 너무 많이 쳐서 음식이 짜지면 아무도 먹지 못한다. 마찬가지로 모든 요점마다 소금을 치면, 가장 중요한 점이 드러나지 않을 수도 있다. 그러므로 이 방법은 당신이 가장 중요하다고 여기는 요점에만 사용해야 한다.

그러나 상대방의 주의가 다른 곳으로 옮아가려고 하거나, 당신이 하는 얘기에 관심을 보이지 않는다면 언제든지 사용해도 된다.

이 방법을 사용하는 것을 망설여서는 안 된다. 이 방법은 여러 번 사용할수록 능숙해지며, 당신의 말들은 더욱 효과적이고 강력한 설득력을 갖게 된다.

4) EWP(Emotional Word Pictures) 대화법

로널드 레이건, 테디 루스벨트, 윈스턴 처칠, 마크 트웨인, 에이브러햄 링컨, 벤자민 프랭클린… 그리고 성경 말씀까지도 청중 혹은 독자의 인간적 이해와 감정을 최고 수준으로 끌어올리기 위해, 주기적으로 그리고 능숙하게 이 방법을 사용했다.

이것은 동시에 인간의 머리와 가슴을 통과하며, 이해와 감정을 전달할 수 있는 대화법이다. 개리 스몰리 박사는 이 방법을 EWP(그림을 보는 듯한 서술로 감정에 호소하는 방법)라고 부른다.

인간의 이해력과 분석능력은 왼쪽 뇌에서 나온다. 반면에 감정이나 느낌은 오른쪽 뇌에서 나온다. EWP는 왼쪽 뇌에 명확함과 이해를 더해줄 뿐 아니라, 동시에 오른쪽 뇌의 느낌과 감정을 자극해준다. 때문에 대화에서 EWP를 잘 이용하면, 상대방은 즉시 당신의 이야기를 쉽게 이해할 뿐만 아니라 당신이 느끼는 바에 공감을 표하게 된다.

EWP를 이용해야 하는 이유는 무엇일까.

- 상대방의 주의를 끌 수 있다.
- 상대방의 생각, 믿음 그리고 인생을 변화시킬 수 있는 힘이 있다.
- 생동감 있는 대화로 이끌어준다. 듣는 사람의 오른쪽과 왼쪽 뇌를 모두 자극하기 때문에, 상대방으로 하여금 대화의 내용을 그림으로 그리거나 상상할 수 있게 해준다.
- 상대방의 뇌리에 깊은 인상을 심어준다.
- 더욱 돈독한 관계로 들어가는 길이 되어준다.
- 부정적인 결과를 낳지 않으면서 쉽게 받아들이게 하는 방식으로, 다른 사람의 행동을 꾸짖거나 비판할 수 있다.

5) 머리로 생각하고 마음으로 말하는 대화법

앵무새처럼 상대방의 말을 반복해라

상대방에게 주의를 집중하기만 해도 상대방이 존중받고 있다는 느낌이 들게 할 수 있다.

지금 이 시간, 상대방이 무엇에 관심을 두고 있는지 집중해라. 또 그 관심이 무엇인지 당신은 이해하고 있으며, 그 관심에 도움이 되고자 최선을 다할 것이라는 사실을 상대방이 알 수 있게 표현해라.

이것은 상대방의 이야기를 진지하게 듣고 있으며, 그 이야기

스피치 달인의 생산적 말하기

98

가 궁금하다는 표시를 하고자 할 때 필요한 대화방법이다.

이렇게 하는 이유는 상대방이 관심을 갖고 있거나, 당면한 어떤 문제에 대해 부연설명을 듣고 싶을 만큼 관심이 있음을 보여주기 위한 것이다. 이렇게 함으로써 당신은 상대방이 무엇을 생각하고 있는지 깊이 이해할 수 있다. 또한 상대방에 대해 더 많이 알게 될수록 당신과의 관계가 더욱 중요해질 것이다.

상대방의 말에 부연설명으로 호응해라

당신은 상대방이 한 말, 방금 한 말도 기억나지 않는 상황을 경험해본 적이 있는가? 한 문장에서 두 단어, 또는 전체 이야기 중에서 두 문장 이상이 들리지 않을 때도 있을 것이다. 그것은 머릿속에 생각이 꽉 차 있거나, 상대방이 말하는 것을 정말 이해하지 못하기 때문이다.

상대방이 전하고자 하는 내용을 풀어서 되풀이하는 방법을 사용하여, 이야기의 흐름을 놓치지 않도록 하자.

'당신이 무슨 말을 하는지, 내가 이해하는지 한번 보자.'

이렇게 생각하고 이야기를 들어봐라. 그런 다음, 상대방이 하는 말을 고쳐 말하거나 부연해서 확인해봐라.

우선, 이 대화법은 당신이 상대방의 이야기를 듣고 있다는 것을 증명해주며, 대화에서 생길 수 있는 오해를 막아준다.

의사소통이 제대로 되지 않아 계약이 깨지고, 인간관계가 위험에 처한 경우는 없었는가?

당신은 이렇게 말하는데, 상대방은 저렇게 말하기도 한다. 둘 다 서로 무슨 말을 했는지 이해하지 못하는 것이다.

방금 들은 정보를 다시 한 번 확인하는 행위는, 서로 동일한 인식을 하고 있다는 것을 확인시켜주는 아주 탁월한 대화법이다.

상대방의 목표와 당면한 문제가 무엇인지 살펴라

상대방이 필요로 하는 것, 가장 중요시하는 것에 대해 서로 교감할 때 의사소통은 훨씬 수월해진다. 상대방의 기준을 이해하려고 노력하는 모습을 보여줄 때 당신의 성공도 함께 커가는 것이다.

열정을 더해라

의욕과 열정은 전염된다. 하지만 아무도 당신 말에 주의를 기울이지 않는다면, 사람들이 진정으로 관심을 가질 만큼 주의를 끄는 내용이 하나도 없다면, 당신은 의사소통을 계속할 수 없다.

목소리와 몸짓에서 열정이 배어나게 하라. 그러기 위해서 자신이 하는 일에 열정적인 사람, 상대방에게 열정을 전하는 사람을 찾아라. 그리고 그들의 대화 기법을 연구하고, 삶에 대한 그들의 긍정적인 태도를 따라 해라.

효과적인 의사소통이란, 당신의 지식 20퍼센트와 지식에 대한 당신의 태도 80퍼센트로 이루어진다.

대화를 위한 10가지 충고

1. 자세를 통해 상대방에게 듣고 있음을 나타내라.
   고개를 끄덕인다.
2. 간혹 자세한 설명을 요구하라.
   "더 자세히 말씀해주세요." "그것은 무슨 뜻이지요."
3. 상대방의 말에 자신의 생각을 덧붙이라.
   "~게 말씀하셨는데, 저는 거기에 ~말을 더하고 싶네요."
4. 같은 느낌으로 그의 말을 되풀이하라.
   "지금 ~~하다고 말씀하신 거지요."
5. 상대방의 입장에 서서 들어보라.
   상대가 저절로 이해가 된다.
6. 이야기의 맥을 끊지 말고 조용히 들어라.
   한국말은 끝까지 들어야 한다고들 말하지 않는가.
7. 논쟁하지 마라. 이겨도 손해다.
   말싸움에서의 승리가 주목적이 아니다. 더 큰 목적과 승리는 상대를 자기 편으로 만드는 것이다.
8. 말을 들을 땐 변명거리를 생각하지 마라.
   그냥 있는 그대로 진지하게 듣기만 하라. 잔머리 굴리는 소리가 상대에게 들리면 결례다.

9. 중요한 말을 메모하는 습관을 들여라.
충실히 듣고 있다는 것 이상의 표현이다.
10. 이야기를 들려준 것에 대해 감사하라.
상대가 말해준 보람을 느끼게 될 것이다.

성격 차이
남녀 차이

    남자 가수와 여자 탤런트 부부가 성격 차이로 이혼한다는 소식을 들었다. 엊그제만 하더라도 남편의 공연장을 찾아서 성원하고, 방송에 같이 나와서 잉꼬 금슬을 자랑하였는데, 며칠 사이에 이혼을 한다고 발표하였다. 남들에게 잘 알려진 사이라서 부부관계의 누수현상을 억지로 막고 있다가 견딜 수 없어서 드디어 이혼을 결심했을 것이다. 부부 문제가 하루아침에 생기고 그걸로 인해서 헤어질 수 있는 것은 아니다. 오랜 세월 고민하고 또 고민했을 것이고, 이혼까지 오는 데에는 그만큼 견디기 힘든 아픔이 있었을 것이다.

    이런 경우, 대체로 이혼하려는 사유가 성격차이라고 한다. 가족도 아니고 남남인 사람들이 수십 년 만에 만났는데, 성격 차이가 있는 것이 당연하거늘… 아마도 그 성격 차이라는 것은 남녀의 커뮤니케이션의 차이로 인한 차이일 것이라고 생각한다.

같은 말을 하면서도 상대의 의중을 모른 채 상대방이 원하는 방향으로 가지 않으므로, 서로 상대방이 자신을 이해하지 못한다고 생각했을 것이고, 그것이 쌓이니 성격 차이라는 이름으로 매도하고서 해결의 실마리를 찾는 일에 종지부를 찍는 것이 쉽게 이혼하는 요즘의 풍토이다. 그러나 남녀가 하는 말의 뉘앙스가 다르며, 그 이면에는 서로 다른 속내가 있음을 이해하면, 성격 차이에 대한 잘못된 판단은 어느 정도 없어지리라. 오히려 부부관계를 더욱 돈독하게 만드는 계기가 될 수도 있을 것이다.

시내의 번화한 거리를 지나고 있는 연인이 있다. 상점의 진열창을 보면서 여자가 말한다.

"자기야, 어때 저 옷 나한테 어울릴 것 같지 않아?"

이 말을 들은 남자는 자기 애인이 저 옷을 입고 싶어 하는구나 생각할 것이다. 그리고 재빠르게 지갑으로 손이 가거나, 저 옷을 살 능력이 있는지 없는지를 판단할 것이다. 사줄 능력이 되면 이렇게 반응할 것이다.

"그래, 그럼 저 옷 입어봐, 내가 사줄게."

만약 능력이 안 된다면, 그 옷이 상대에게 어울리는지 안 어울리는지 깊이 생각하지 않고서 이렇게 그 순간을 넘긴다.

"별로인데, 자기에게는 안 어울리는 것 같아."

그럼에도 애인이 자꾸 그 옷에 대해서 언급하면 이렇게 응대한다.

"자기야, 그럼 다음에 내가 사줄게."

대부분의 남자들이 무의식적으로 이런 경향을 보인다. 그러나 여자는 진열창에 걸린 옷이 자기에게 어울리는지에 대한 평가를 원한 것이다. 물론 내심 어울릴 것이라는 답을 바랐을 수는 있지만, 여자에게 중요한 것은 자신의 미에 대한 평가이며, 자신이 이쁘다는 것을 상대가 알아주었으면 하는 기대이다.

그러나 남자의 경우, 여자의 이러한 감상적이고 감정적인 공감의 동조를 기대하는 말이 그대로 자신의 능력을 애인에게 보여야 한다는 중압감으로 작용한다. 이것은 가부장적인 사회에서 자연스럽게 익히게 된 남자의 사고방식인지도 모른다. 대체로 여자의 감정적인 상태를 이해해달라는 말이 남자에게는 '당신의 능력을 보여주세요'라는 말로 이해된다고 한다.

다른 예를 들어 보자. 초등학교에 다니는 수철이라는 아이를 둔 부모가 있다. 어느 날, 이웃집 수희 엄마가 와서, 오늘 수철이가 학교에서 상민이와 싸워서 다치게 했다는 이야기를 하였다. 잠시 후에 수철이가 집에 들어오자, 수철이 아버지는 이렇게 묻는다.

"수철아, 너 오늘 상민이랑 싸웠지?"

수철이 어머니는 이렇게 묻는다.

"수철아, 너 상민이랑 싸웠다면서 다치지는 않았니?"

어떤 차이가 있는 것일까? 아버지의 관심은 사실의 진위이다. 아버지의 관심은 일차적으로 싸웠다는 것이 사실인가 아닌가이며, 그 다음에는 싸움을 한 이유, 그리고 그 결과에 대한 것이다. 그 결과에 따라 아이의 상태와 상민이의 치료에 대한 관심으로 옮겨 갈 것이다.

그러나 어머니는 사실의 진위보다도 아이의 상태에 관심이 있다. 다쳐서 아픈가, 아니면 싸워서 신체적으로나 감정적으로 아이가 다치지 않았나가 주된 관심이다. 그 다음에 싸움의 이유를 묻고, 싸움의 결과를 어떻게 처리할 것인가를 남편에게 물을 것이다.

이처럼 남녀는 같은 말을 가지고도 반응하는 것이 다르다.

"그 사람 속은 알다가도 모르겠어."

"그 사람 성격이 그런 줄 알았으면 내가 그렇게 하지 않았을 터인데."

이런 말들을 흔히 하지만, 인간에게는 누구나 알 수 있을 정도로 보여진 부분과 숨겨진 부분이 있다. 또한 자신도 모르는 자기의 속도 있는 법이다.

그럼에도 인간이 가지고 있는 고유한 속성은 있다. 이것을 통상 성격(Character)이라고 부른다. 캐릭터가 그 사람을 나타내는 한 특징이라면, 그 사람은 그 캐릭터에 맞추어 자신의 모습을 보이게 된다. 그래서 커뮤니케이션 관계자들은 유사한 캐릭터를 가진 이들의 비슷한 모습을 놓고서 바람직한 의사소통 방법을 연구하였다.

스피치를 하는 이도 상대의 캐릭터를 살피고 대화를 준비한다면 원하는 효과를 얻기가 더 수월할 것이다.

상대를 알면 알수록 더 정확한 말을 할 수 있기에, 상대의 성격을 이해하는 것은 매우 중요하다. 그럼으로써 자신과 상대와의 차이를 줄여서 인간관계를 더 원활히 할 수 있기 때문이다. 그리고 각 유형별로 커뮤니케이션 스킬을 다양하게 사용할 수 있기 때문이다.

그러기 위해서는 무엇보다도 자신과 다른 성격의 사람에게도 열린 마음으로 다가가는 자세가 필요하다. 그리고 열린 자세를 통해서 더욱 밀접한 관계로 이끌 수 있는 상대 유형에 따른 스피치도 필요할 것이다.

듣기를 잘하는 사람들의 특징

1. 상대방의 본심을 들으려고 한다.
2. 상대가 말하기 쉽게 적시에 맞장구를 쳐주거나 자기 의견을 말한다.
3. 끝까지 듣고 동의나 이해를 표한다.
4. 자기에게 별로 좋지 않은 말을 꺼내도 화내지 않는다.
5. 말하는 사람의 기분에 공감할 수 있다.

남자와 여자는
말하는 법이 다르다

연애를 잘하기로 소문난 프랑스 남자들은 좋아하는 여성에게 꽃을 주면서, "이 꽃 받아주실 거죠?"라며 프러포즈를 한다. 이 것이 바로 남자와 여자의 차이를 드러내주는 한 단면이다. 연애 를 못하는 남자들은 대부분 자기 방식대로 구애를 하는 경우가 많다. 그러기 때문에 매번 딱지를 맞고 고심을 하는 것이다.

남자는 직설적인 것을 선호하나 여자는 우회적인 것을 좋아 하고, 남자는 구체적인 것을 좋아하나 여자는 추상적인 것으로 말하기를 좋아한다.

그래서 프러포즈할 때에는 직설적으로 "좋아합니다, 사랑합 니다"라고 말하는 것보다 위에처럼 은근하게 하는 것이 좋다. 그것이 여자 입장에서도 받아들이기가 쉬울 것이다.

반대로 거절할 때에는 여자가 어색하게 웃거나 얼버무리는 모습을 보이면, 남자 입장에서는 어느 정도 부정적이지만 싫어하지는 않는다고 생각하게 된다. 따라서 거절할 때에는 단호하게 부정하는 것이 좋고, 거절하는 이유도 구체적으로 말하는 것이 상대 남자에게 효과적인 의사표시가 되는 것이다.

이러한 남녀의 차이를 사회학자들은 사회의 오래된 관습 때문에 표현과 사고가 고정화되었다고 보고 있으며, 심리학자들이나 과학자들은 대뇌의 작용과 호르몬의 영향으로 인해서 그렇게 된다고 보고 있다. 여자의 입장에서 단순히 동의를 바라는 질문에 대해서도 남자는 그것을 논쟁으로 비약시켜 즐기는 것도 이것과 연관이 있다.

어쨌든 동서고금을 떠나서 남녀관계에서 남자는 사냥꾼이고 여자는 사냥되고 싶은 양으로 보이며, 남성은 공격적으로 여성은 수비적으로 보이는 것은 오래된 고정관념일지도 모르겠다.

이미 알고 있는 분도 있을 테지만, 남녀차이에 대해서 '남자와 여자의 차이 50가지' 라는 통상적이고 유머러스한 견해를 언급해보겠다. 몇 가지나 독자들이 공감할지는 모르겠지만 알고 있는 것이 도움이 되리라고 생각한다.

① 남자의 '사랑해' 는 '현재는' 이라는 단서의 생략이고 여자의 '사랑해' 는 '당신이 사랑하는 한' 이라는 조건의 생략이다.

② 혼자서 술을 마시는 남자는 여자를 필요로 하는 것이고 혼자
서 담배를 피우는 여자는 남자에 지친 것이다.

③ 여자는 심리학의 원서, 남자는 누구나 서툰 번역서이다.

④ 남자의 사랑은 반복충동형, 여자의 사랑은 점층환상형.

⑤ 여자는 모를수록 좋은 일을 너무 많이 알고, 남자는 꼭 알아두
어야 할 일을 너무 모른다.

⑥ 남자는 경험으로 여자를 알지만, 여자는 본능적으로 남자를
안다.

⑦ 여자에게 가장 중요한 세 사람은 최초로 '사랑해'라고 말한 남
자, '엄마' 소리를 처음 들려준 자식, 그리고 현재의 남편이다.

⑧ 여자의 눈을 호수라고 생각한 남자는 언젠가 그 호수에서 익
사한다.

⑨ 여자가 멀리할 것은 돈과 남자며, 더욱 조심할 것은 돈 많은
남자이다.

⑩ 여자는 과거에 의지해서 살고 남자는 미래에 이끌려 산다.

⑪ 여자는 현미경으로 들여다보아야 하고, 남자는 망원경으로 바
라보아야 한다.

⑫ 남자가 유명해지면 여자들의 관심을 끌게 되고 여자가 유명해
지면 남자들의 경계를 받는다.

⑬ 많은 사람과 함께 있을 때, 여자들은 곧잘 자기 애인이 질투를
느끼도록 행동하고, 남자들은 자꾸만 영웅으로 보이려다가 바

보가 되기 일쑤다.

⑭ 여자의 이혼 요청은 저주하기 위함이고 남자의 이혼 제기는 자존심 때문이다.

⑮ 남자의 포옹은 여자를 감추기 위함이고 여자의 포옹은 남자를 붙잡아두려는 것이다.

⑯ 여자는 용서하고 남자는 포용한다.

⑰ 여자는 결국 꾸준히 기다려준 남자에게로 돌아간다. 여자의 사랑에는 감사의 의미도 포함되어 있다.

⑱ 남자는 누드에, 여자는 무드에 약하다.

⑲ 남자들은 모이면 여자얘기를 꺼내고 여자들은 자식얘기부터 시작한다. 이것은 남자는 사랑의 대상에, 여자는 사랑의 결과에 집착하기 때문이다.

⑳ 여자는 잡아두면 도망가려 하고, 남자는 놓아주면 날아가려 한다.

㉑ 여자가 시선이 마주쳤을 때 그것을 피하는 것은 나 좀 오래 쳐다봐달라는 속셈이다.

㉒ 여자는 마음에 떠오른 말을 하고, 남자는 마음에 먹은 말을 한다.

㉓ 남자의 욕망은 출세, 여자, 돈 세 가지이지만 여자의 욕망은 출세해서 돈 많은 남자 하나이다.

㉔ 여자는 원망하면서 사랑하고, 남자는 사랑하면서 원망한다.

㉕ 여자는 말속에 마음을 남기고, 남자는 마음속에 말을 남긴다.

㉖ 남자는 사랑의 양을 자랑하지만, 여자는 사랑의 질을 기대한다.

㉗ 남자의 의상은 명예고, 여자의 명예는 의상이다.

㉘ 남자가 여자를 꽃이라 함은 꺾기 위함이요, 여자가 여자를 꽃이라 함은 그 시듦을 슬퍼하기 때문이다.

㉙ 요즘 여자들은 여자는 여자다워야 한다면 화를 내고, 남자들은 남자는 남자다워야 한다면 부끄러워한다.

㉚ 남자는 불행에 빠졌을 때 타락하고, 여자는 행복에 겨울 때 탈선한다.

㉛ 남자는 관악기라 막히면 안 되고, 여자는 현악기라 끊어지면 못 쓴다.

㉜ 남자는 모르는 것도 아는 체하고, 여자는 아는 것도 모르는 체한다.

㉝ 모든 남자들의 결론은 '여자는 할 수 없어'이고, 모든 여자들의 결론은 '남자는 다 그래'이다.

㉞ 남자의 용서는 처벌이고, 여자의 용서는 자위다.

㉟ 오직 한 여자와 사랑을 오래 나눈 남자가 사랑의 본질을 더 잘 알고 있다.

㊱ 여자는 최초로 '사랑해'라고 말한 사람을 잊지 못하고, 남자는 마지막으로 '행복하게 사세요'라고 말한 여자를 잊지 못한다.

㊲ 사랑이 식으면 여자는 옛날로 돌아가고, 남자는 다른 여자에

게 간다.

㊳ 남자가 유명해지면 명함에 쓸 것이 많아지고, 여자가 유명해지면 핸드백 속에 남자의 명함이 많아진다.

㊴ 여자의 얼굴은 초대장이고, 남자의 얼굴은 이력서다.

㊵ 여자는 누구나 백마를 타고 오는 왕자를 꿈꾸지만 실제로 맞이하고 보면 자기가 탈 말을 끌고 오는 마부인 경우가 허다하다.

㊶ 여자는 내가 필요할 때 친구가 되고, 남자는 그가 필요할 때 친구가 되어준다.

㊷ 한 여자를 버린 남자는 열 명의 우정을 망친다.

㊸ 거짓말 왕국에서 여자는 여왕이고, 남자는 성문지기였다.

㊹ 잊혀진 여자보다 더 불쌍한 것은 잊혀질 대상도 못 되는 여자다.

㊺ 노년의 남자에게 추운 겨울에 필요한 것은 따뜻한 난로보다 오래된 아내이다.

㊻ 도둑을 사랑한 여자는 천당으로 가지만, 사랑을 위해 도둑질한 남자는 감옥으로 간다.

㊼ 남자의 얼굴은 20대는 설계도, 30대는 기초공사, 40대는 마무리, 50대는 준공이지만, 여자의 얼굴은 20대에 완공, 30대에 균열, 40대에 붕괴, 50대에 폐가가 된다.

㊽ 여자는 약하기 때문에 '악하기' 쉽고, 남자는 착하기 때문에 '척하기' 쉽다.

㊾ 여자는 모성으로 수용하고, 남자는 유아성으로 망각한다.

㊿ 여자는 감정의 변덕스런 귀족이고, 남자는 이성의 처실스런 재벌이다.

정말로 남의 말
잘 듣는 법

잘 말하기 위해서 잘 들어야 하는 것은 동서고금의 변함없는 스피치 격언 제1조에 해당한다. 다른 것은 몰라도 이것만은 명심하자. 청자가 편안하고 자연스러운 자세를 취하고 도와주려는 태도로 화자의 말을 경청한다면, 화자의 입장에서 볼 때에 그 대화는 성공한 대화라고 생각한다는 것이다.

잘 듣는 것이 왜 중요할까, 그 장점을 들어보자.

첫째 잘 들어주어야 마음을 연다. 많은 사람들이 자기를 이해하지 못할 것이라고 생각하기 때문에 쉽게 마음을 얘기할 수 없는 것이다.

둘째, 들어주면 호감이 생긴다. 듣기보다 말하기를 좋아하는 사람에게 호감이 갈 리 없다. 들어주면 이해받았다는 느낌이 생기므로 당연히 호감이 간다.

셋째, 들어주면 감정적인 정화(카타르시스)가 된다. 마치 고해성사를 하고 난 것처럼 상대방의 슬픔이나 분노 등이 감소된다.

넷째, 들어주는 사람에게는 반항하지 않는다. 아무리 좋은 얘기도 혼자서 떠들어대면 싫어한다. 설득과 조언만 하는 사람에겐 반발심이 생기지만, 들어주는 사람에겐 반항할 구실이 없다.

다섯째, 후회를 만들지 않는다. 말을 많이 하고 난 후 뒤끝이 개운치 않을 때가 있다. 그러나 열심히 들어준 다음에는 후회가 없다.

이제, 잘 듣기 위한 다섯 가지 방법을 소개해보겠다.

1) 질문하면서 경청하기

상대방의 말을 보다 더 주의 깊게 듣기 위해서는 그의 뜻이 잘 나타나도록 하는 방법이 필요하다. 질문을 통해 상대방의 의도를 파악할 수 있는데, 이것은 진술보다도 유용하게 사용된다. 비록 질문의 유용성에 한계가 있더라도, 답하는 입장에서는 자신에게 호의적인 의사표현으로 이해되므로 질문은 상대에게 화자의 말을 경청하려는 뜻으로 나타난다. 이때 너무 많은 질문으로 취조하는 듯한 분위기를 만들지 말아야 하며, 도저히 대답할 수 없는 질문을 하거나, 심지어는 질문을 하고서 답변을 들을 필요가 없다는 태도를 보이면 안 된다. 효과적인 질문을 하는 요령은 다음과 같다.

■ 직접적인 질문보다는 간접적인 질문을 한다

간접질문이 넌지시 물어보는 것이라면 직접질문은 직선적인 대답을 요구하는 것이다. 문장형태로 보자면 간접질문은 서술형으로 끝나지만 직접질문은 의문형으로 끝난다. 두 가지 모두가 화자에게 대답을 요구하지만, 간접질문이 직접질문보다는 관심을 보이면서도 취재하는 것처럼 보이지 않는 장점이 있다.

"대통령의 연설에 대해서 어떻게 생각하십니까?"보다는 "대통령의 연설에 대해서 어떻게 생각하시는지 궁금합니다"라는 표현이 화자에게는 질문처럼 느껴지지 않고 청자가 자신의 견해에 관심을 보이는 것으로 더 느끼게 된다. 마찬가지로 화자에게 부담 없이 말하기 위해서는 직접적인 주제의 언급보다는 간접적이면서 우회적인 질문을 하는 것도 바람직하다.

■ 이중적 질문보다는 단일한 질문을 하는 것이 좋다

한꺼번에 여러 가지를 질문하는 것은 화자를 어리둥절하게 만든다. 질문하는 의도가 무엇인지를 단숨에 알아차리지 못하므로, 어느 것에 대해서 답변을 해야 하는지 헷갈린다. 질문했던 입장에서도 상대방의 답변이 어느 질문에 대한 답변인지 신속하게 파악하는 데에 어려움이 있다.

"어제 퇴근 후에 술 마시러 갔었나요? 노래방에서는 누구 노래를 좋아하시나요?"라고 묻는다면, 간단하게 두 개의 질문을 충족시키는 납을 찾기가 어렵다. 차라리 "어제는 퇴근 후에 무엇을 하셨습니까?" "어디로 술 마시러 갔었나요?" "이차는 어떻게 되었나요?" "노래방 가서는 누구 노래를 불렀나요?"라고 질문하면 더욱 친근하고 자연스럽게 대화할 수 있다.

■ '왜?' 라는 말은 아주 조심스럽게 사용해야 한다

우리 말 중에 질문할 때 가장 많이 사용되는 상징적인 단어가 있다면 '왜' 일 것이다. 그런데 이 무심하게 쓰이는 말이 원래의 의미보다 왜곡되어 사용되기가 쉽다. 왜라는 단어는 정보를 구하거나 사건 또는 행동의 원인이나 이유를 묻는 데에 사용되지만, 간혹 도덕적 판단에 대한 힐책을 의미하기도 한다.

"왜, 그렇게 행동하셨습니까?"라는 말은, 만약 부정적 대화가 진행되고 있다면, 화자의 행동에 대한 합당한 설명을 요하기보다는 청자의 비난이 함축되어 있는 경우가 많다. 그래서 실제로 왜라는 질문에 쉽고 편하게 대답하기는 어렵다. 따라서 '왜?' 보다는 폭넓고 다양한 질문을 하는 것이 좋다.

2) 공감하면서 경청하기

경청에 가장 필요한 요소 가운데 하나가 화자의 말에 공감해주는 것이다. 커뮤니케이션이란 서로가 이해하고자 하는 의사소통을 말한다. 그래서 공감이란 자신이 직접 경험하지 않은 경우지만 청자가 화자와 같은 수준으로 이해하는 것을 말한다. 공감은 상대방의 정서적 상태와 관점을 정확하게 이해하는 과정으로, 공감적 이해를 잘함으로써 경청의 수준을 높일 수 있다.

공감적 이해에는 5단계의 수준이 있는데, 수준1은 상대방의 언어 및 행동 표현의 내용에서 벗어나거나 내용에 주의를 기울이지 않기 때문에 감정 및 의사소통에 있어서 상대방이 표현한 것보다는 훨씬 못 미치게 소통하는 수준이다. 수준2는 상대방이 표현한 감정에 반응은 하지만 상대방이 표현한 것 중에서 주목할 만한 감정을 제외시키고 의사소통하는 수준이다. 수준3은 상대방이 표현한 것과 본질적으로 같은 정서와 의미를 표현하여 상호교류적인 의사소통을 하는 수준이다. 수준4는 상대방이 스스로 표현할 수 있었던 것보다 더 내면적인 감정을 표현하면서 의사소통을 하는 수준이다. 수준4부터는 의사소통이 촉진된다. 수준5는 상대방이 표현할 수 있었던 감정의 내면적 의미들을 정확하게 표현하거나, 상대방의 내면적 자기탐색과 완전히 같은 몰입의 수준에서 상대방이 표현한 감정과 의미에 첨가하여 의사소통을 하는 수준이다.

"세상 살기가 정말 힘드네! 죽고 싶네."

예를 들어 상대가 이렇게 말했을 때 다음과 같이 공감이해의 수준이 드러날 수 있다.

수준1 : "뭐가 힘들다고 그러니? 네가 심약하니까 별말을 다 하
는구나."

수준2 : "조금 힘들더라도 참고 하면 되지 않아? 설마 죽는 것이
사는 것보다 쉽겠어."

수준3 : "그래, 다 사람들이 살기가 힘들다고 그러고 나도 그래."

수준4 : "살기가 힘든 것은 맞지. 내가 뭘 도와주면 좋겠니?"

수준5 : "그러니까 이번 일만 도와주면 네가 어려움을 극복하고
잘살 수 있단 말이지?"

3) 수용적으로 존중하면서 경청하기

화자가 청자의 독특한 개성과 자질을 이해할 때, 그를 존중
하는 마음이 생기게 된다. 또한 청자가 화자의 말을 잘 청취하
는 모습을 볼 때에 화자도 그를 존중하게 된다. 따라서 서로 상
대를 수용하는 존중의 태도에 따라 경청의 효과도 달라진다.
이것도 5단계로 나누어서 생각해볼 수 있다.

수준1은 의사소통자의 언어와 행동 표현에서 상대방에 대한
존중이 명백히 결여되어 있거나 부정적 배려만이 있는 수준이
다. 상대방의 감정과 경험을 고려할 가치가 없다거나 상대방이
건설적으로 행동할 능력이 없는 것으로 판단하는 의사를 전달
한다. 수준2는 상대방의 여러 감정에 대해 기계적으로 또는 수
동적으로 반응하거나 상대방의 감정을 거의 무시해버린다. 수

준3은 상대방의 감정, 경험 및 잠재력에 대해 기본적으로 긍정적인 존중과 관심을 전달하는 수준으로 대인관계의 기능을 촉진하는 기초 수준이다. 수준4는 상대방에 대해 깊은 긍정적 존중과 이해를 표명하는 수준이다. 수준5는 상대방에게 한 인간으로서의 가치와 자유인으로서의 잠재력에 대해 매우 깊은 긍정적인 존중을 전달하는 수준이다.

"그런 기사를 당사자인 나하고 상의하지 않고 내보내면 어떻게 하겠다는 것이야?"

예를 들어 상대가 이렇게 말했을 때, 다음처럼 생각해볼 수 있다.

> 수준1 : "도둑이 제발 저리다고, 당신이 그렇게 말할 수 있어?"
>
> 수준2 : "내가 그렇게 하지 못할 이유가 있나? 난 그럴 자격이 있다구."
>
> 수준3 : "잘못한 것인 줄 알지만 너무 화내는 것 아니야? 난 너를 위해 그랬다구."
>
> 수준4 : "화가 날 만도 하네. 하지만 그때 그 일은 우리 손에서 떠난 일이야."
>
> 수준5 : "미안하네. 자네가 직접 알아서 해도 될 일인데. 내가 성급했네."

4) 일관적으로 성실성과 즉시성을 보이며 경청하기

청자가 초지일관하게 성실함으로 화자를 대하면, 화자의 입장에서는 청자를 신뢰하게 된다. 일관적 성실성이란 바로 솔직하게 자신을 표현하며 진실되고 일관성 있는 모습으로 경청하려는 태도를 말한다.

또, 즉시성은 화자의 말에 청자가 보이는 즉각적인 반응을 말한다. 화자가 오랜 시간 말을 해도 청자의 반응이 없다면, 화자의 입장에서는 청자가 자신의 말을 제대로 이해하고 있는지 의아하게 생각할 것이다. 특별히 이 즉시성은 화자가 청자에게 부탁의 말을 할 경우에 꼭 필요한 경청의 기술이다.

군말 없이 화자의 요구에 따라 청자가 움직여준다면 화자는 청자를 진정으로 신뢰하고 받아들일 수 있을 것이다. 화자의 질문이나 요구에 청자가 즉시 말이나 행동으로 반응을 보이는 것은, 시간이 흐름에 따라 화자가 변명을 하거나 자존심을 상해가면서 말하지 않도록 하기에 경제적이며 효과적인 기법이다.

5) 관심을 집중해 경청하기

때때로 청자는 화자에게 경청하는 모습을 보일 필요가 있다. 그것이 바로 관심 집중의 기술이다. 화자에게 집중하고 있는 청자의 모습을 보이기 위해서는,

첫째, 화자를 향해 자세를 취해야 한다. 화자 쪽으로 몸이 향

하게 되면, 자연스럽게 화자는 청자가 자신의 대화에 관여하고 있다고 믿게 된다.

둘째, 개방적인 자세를 취한다. 청자가 사무적이거나 경계하는 모습을 취하면, 화자의 입장에서는 마음을 열고 시원스럽게 말하기가 어렵다. 그러나 개방적인 자세를 취해서 비방어적인 모습을 보여주면, 화자는 그런 태도를 지금 자신의 말을 들을 준비가 되었다는 태도로 받아들인다.

셋째, 때때로 상대방을 향해 몸을 기울인다. 이것은 이 대화나 화자가 하는 말에 청자가 얼마나 관심을 가지고 있는지를 보여주게 된다. 그리고 더나가 그 대화가 매우 진지하게 이루어지고 있음을 반영한다.

넷째, 시선을 통한 접촉을 적절히 한다. 시선은 청자가 화자의 말을 관심 있게 듣고 있다는 뜻을 전함과 동시에 화자로 하여금 편안하게 말을 할 수 있도록 한다. 화자가 눈총을 받고 있다는 생각이 들지 않도록 밝고 부드러운 시선으로 화자를 바라보거나 시선을 맞추는 것이 좋은 방법이다.

면접,
준비하면 달라진다

장기불황과 고용난 속에서 면접의 중요함은 더 말할 나위가 없다. 모처럼 찾아온 면접의 기회를 잘 활용하기 위한 자세를 소개해보겠다.

먼저, 첫인상은 면접에 있어서 가장 강렬한 무기이며, 당락에 결정적인 요인이 된다. 면접관에게 좋은 인상을 줄 수 있도록 화장을 적절하게 것도 반드시 필요하다. 면접관들이 가장 좋아하는 인상은 얼굴에 생기가 있고 눈동자가 살아 있는 사람, 즉 기가 살아 있는 사람이다.

특히 면접에서 핵심 질문에서 벗어난 답변을 했거나, 면접관으로부터 조소를 받을 정도로 분위기를 나쁘게 만들었다고 해도 포기하면 안 된다. 면접에서도 역전이 충분히 가능하므로 끝까지 최선을 다하는 자세가 더욱 중요하다.

■ 당신 자신을 팔아라

당신이 팔려고 내놓은 물건 중 가장 중요한 것은 바로 당신 자신이다. 따라서 무엇보다 자신을 내놓을 때 잘해야 한다. 당신을 고용하려는 사람들에게 그들을 위하여 당신이 해줄 수 있는 일이 무엇인지 보여주라. 그리고 그 일을 하기 위해서 당신이 준비한 모든 것을 말해주라.

■ 당신의 특별한 점을 강조하라

고용주가 당신에게 무엇을 해줄 것인지 묻기 전에 당신이 그를 위해서 무엇을 해줄 수 있는지 물어라. 이력서에 나타난 것을 밝히는 대신에 당신이 다른 사람보다 그 일을 어떻게 더 잘할 수 있는지를 말하라. 당신의 장점이 회사의 요구에 적합하다는 것을 보여주라.

■ 열린 자세를 유지하라

개방된 태도는 성공하려는 사람이라면 갖추어야 할 자질이다. 면접에서도 긴장을 하면 마음이 닫히는 수가 있다. 열린 태도를 가지고 당신의 열의를 면접관에게 보여라. 그러면 면접관은 당신을 특별하게 기억할 것이다.

■ 준비하라

면접하기 전에 당신 자신에 대해서 무엇을 말할 것인지, 면접관이 무엇을 물을 것인지 요점을 정리해보라. 어려운 문제일수록 나에게 닥치지 않을 것이라는 요행을 바라지 말고, 그런 문제일수록 깊이 생각해보아야 한다. 남들이 대답하기 힘든 것을 당신이 쉽게 대답했을 때, 당신의 진가는 더없이 발휘되는 것이기 때문이다.

■ 질문하라

질문은 대화의 필수요소다. 면접은 장래의 직장 및 상사에 관해 알 수 있는 좋은 기회이다.

당연히 답만 해야 된다는 고정관념에서 벗어나, 궁금한 것은 과감히 질문하라.

질문을 통해서 당신은 그 회사에 다니고 싶은 열의를 보여줄 수도 있고, 당신의 그런 행동은 면접관에게 특별한 기억으로 남을 것이다.

면접관의 질문에 답변하는 자세 또한 중요하다. 가능하면 피해야 할 자세와 호감을 주는 답변 자세에 대해 얘기해보겠다.

1) 호감을 주는 답변 자세

밝은 표정으로 끝까지 최선을 다한다

축구에서 시작 5분과 끝나기 전 5분이 중요하다는 해설을 많이 들어봤을 것이다. 면접도 마찬가지다. 시작 1분과 끝나기 직전의 1분이 면접관의 뇌리에 가장 남는다. 따라서 면접장에 입장할 때부터 바른 자세와 밝은 표정을 끝까지 유지한다.

압박 질문에도 흥분하지 않는다

면접관은 지원자의 위기관리 능력 파악을 위해 고의로 비위를 거슬리는 질문을 한다. 이런 경우 관심이 많다는 반증이므로 흥분하거나 변명하지 않는다. 솔직하고 정성을 다하는 답변으로 반전시킨다.

실수했더라도 기죽지 않는다

면접장에 들어서면 당연히 긴장되게 마련이다. 더구나 자신의 인생을 결정지을 수도 있는 평가를 받는 입장에서는 실수하기 쉽다. 하지만 면접관은 이해심이 많은 사람이라 생각해 마음 편히 먹고 잘 마무리해야 한다.

질문 의도를 정확하게 파악하고 답변한다

면접관이 재차 추가 질문을 하지 않도록 의도를 정확히 이해하고 답변해야 한다. 의도를 파악하지 못했을 경우에는 "다시 한 번 말씀해주십시오"라고 한다. 예상치 못한 질문이 나와 답하기가 곤란하면 "잠시 시간을 주십시오"라고 양해를 구하고 나서 자신의 생각을 말한다.

솔직하고 자연스럽게 답변한다

면접은 지원자의 유창한 말솜씨를 보는 것이 아니다. 기본 소양, 잠재능력을 보고자 함이므로, 평소 생활이나 사회에 대해 이야기할 때 솔직하게 얘기하는 자세가 중요하다.

정답이 있는 질문은 아는 데까지만 답변한다

답이 있는 질문을 해올 경우 솔직하게 아는 데까지만 답해야 한다. 어설프게 기억하는 것을 주절주절 얘기했다가는 오히려 역효과를 불러온다. 답이 충분하지 않았다고 생각되면, "입사 후 더 보강하도록 노력하겠습니다"라고 밝혀 신뢰를 얻는다.

간단명료하게, 끝맺음도 분명히 한다

면접시간은 항상 정해져 있다. 따라서 질문에 대해 2분 정도로 끝맺는 것이 좋다. 끝맺음도 어물어물하지 말고 '~입니다'

'~습니다'와 같이 명확하게 한다.

길게 답해야 할 경우 결론부터 말한다

찬반양론식 질문인 경우 대답이 길어질 수밖에 없다. 따라서 결론부터 얘기하고 그에 대해 근거와 이유를 덧붙이면 듣는 사람이 지루해하지 않는다. 타인의 발표에 관심을 갖는 자세도 필요하며, 자신의 주장을 역설하다 감정이 지나쳐 극단적인 표현을 하는 것은 삼가야 한다.

2) 피해야 할 답변 자세

불안하고 무기력한 답변 자세

자주 옷이나 머리를 매만지거나 다리를 떨며 손가락을 만지작거리는 등의 모습은 침착하지 못하고 불안정하며 자신이 없는 사람으로 평가된다. 또한 바닥이나 천장을 두리번거리는 모습 역시 불안정하고 자신 없는 모습이다.

질문과 동시에 답변하는 자세

질문이 끝나면 2~3초의 여유를 두고 잠시 생각한 후 대답하는 것이 좋다. 연설하는 식으로 답변하는 모습은 대화에 미숙한 것처럼 보이므로 평소 대화할 때 단점을 고치도록 노력해야 한다.

자신 있다고 큰 소리로 빠르게 답변하는 자세

답변의 핵심을 놓치거나 가벼운 사람으로 보일 수 있다. 장황하게 얘기하면 이해력이 부족하거나 논리적인 사고가 부족하게 보인다.

핑퐁식 답변 자세

면접관과 지원자 간에 단답형의 질문과 답변이 이어지지 않도록 해야 한다.

불필요한 접미사는 자제한다

에…, 저…, 그…, …같아요, …입니다만, …가 좋은것 같습니다, 그런 것 같습니다 등의 불명확한 말은 우유부단함을 보여줄 뿐이다. '그렇습니다' '저는 그렇게 생각합니다' 등 자신의 생각을 분명하고 명확하게 전달해야 한다.

사투리는 자제한다

어투도 외모의 일부이다. 억양은 못 고치더라도 사투리는 자제해야 한다.

습관적으로 같은 어휘를 반복하지 않는다

내용이 정리되어 있지 않으면 같은 말을 반복하는 경우가 많다. 그런 경우 원하는 내용이 잘 전달되지 않으며 생각이 정돈되지 않은 사람으로 판정된다. '솔직히 말해서' '끝으로' '마지막으로' 등 습관적으로 같은 말을 반복하지 않아야 한다. 반복되는 화법은 말의 효과를 반감시킨다.

사람을 다루는 10가지 중요원칙

1. 논쟁을 피하라.
2. 상대방의 견해를 존중하라.
3. 잘못을 분명히 인정하라.
4. 우호적인 태도로 말을 시작하라.
5. 상대방이 더 많이 이야기를 하게 하라.
6. 상대방으로 하여금 바로 그 아이디어가 자신의 것이라고 느끼게 하라.
7. 상대방의 관점에서 사물을 볼 수 있도록 성실히 노력하라.
8. 상대방의 생각이나 욕구에 공감하라.
9. 영화나 TV에서처럼 쇼맨십을 발휘하라.
10. 도전의욕을 불러일으켜라.

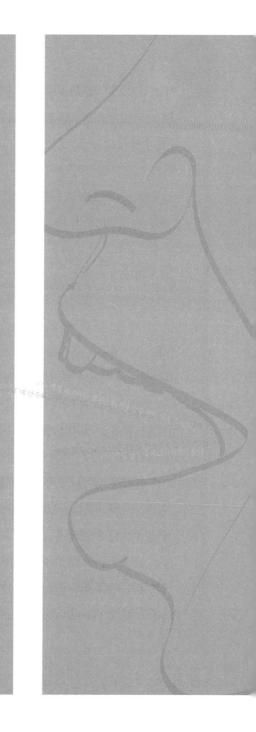

3 대화와
설득을
위한
말하기

대화의 기술

대화란 무엇인가? 사전에서는 '서로 대면하여 하는 이야기, 화법, 대담' 이라고 풀이한다.

대화는 우선 말하는 이와 듣는 이가 있어야 성립된다. 그리고 전달되는 내용, 양자가 무엇 때문에 말하고 듣고 있는지에 해당하는 목적이 분명하게 있어야 한다.

즉 누군가가 누군가에게 어떠한 목적을 위해, 말이라는 개체를 빌려 전달하는 것을 받아들이는 것, 그리고 이것이 서로 소통될 때 비로소 대화가 성립되는 것이다.

1) 대화 기법이란?

흔히 말과 대화를 같은 것으로 이해하여, 말을 잘하는 사람이 대화를 잘하는 것으로 생각하는 경향이 있다. 또는 '나는 발표는 잘하는데, 상대방과 말하는 것은 어렵다' 라고 말하는 사람도 직시 않다.

그런데 자세히 살펴보면, 말은 자신의 의사를 전달하는 과정이어서 일방통행인 반면, 대화는 의사를 교환하는 과정이어서 양방통행이다.

대화는 이처럼 상대방과의 상호관계에서 이루어지기 때문에, 자기의 생각이나 의견을 상대방에게 효과적으로 잘 전달하고 상대방이 원하는 것을 잘 들어줄 때만 효과적인 의사소통이 가능해지는 것이다.

그러나 우리는 대화할 때 어떠한가?

자기의 생각이나 의견 등 간절하게 나타내고 싶은 것이 있음에도 불구하고 체면이나 눈치 등으로 인해 자신의 권리나 욕구를 포기하고 얌전한 척, 겸손한 척, 예절바른 척, 자신을 속이면서 아무 말도 하지 않고 있지는 않은가? 또는 전혀 마음에도 없는 말을 한다거나, 또는 상대방의 권리나 느낌 등을 고려하지 않은 채 자신의 권리나 욕구만을 내세우기 위해 목청을 높이지는 않는가?

그렇게 되면 효과적인 인간관계를 유지하는 데 어려움이 야기될 것이 분명하다. 따라서 대인관계에서 상대방의 인격을 존중하면서도 자신의 생각이나 의견, 느낌 등을 상대방에게 솔직하게 표현할 수 있는 효과적인 대화방법과 기술을 익히는 것이 필요하다.

그렇다면 자신의 권리도 찾고 대인관계를 향상시키기 위한 훈련에는 어떤 것이 있을까? 그 방법을 알아보자.

2) 대화의 기본 태도

사람들은 태어나 말을 하는 순간부터 눈을 감는 순간까지 셀 수 없이 많은 사람들과 대화한다. 그 상대는 가족이거나 친구, 배우자, 직장동료에서부터 일로 얽힌 사람들, 그리고 우연히 만난 사람들까지 셀 수 없이 많다.

그렇다면 대화를 위한 기본적인 태도는 무엇인가?

■ 상대방을 한 개인으로 존중하는 것이다

이것은 상대방을 인간적으로 존중함은 물론, 그의 감정, 사고, 행동을 평가하거나 비판 또는 판단하지 않고 있는 그대로 받아들이는 태도이다.

■ 상대방을 성실한 마음으로 대하는 것이다

이것은 상대방과의 관계에서 느낀 감정과 생각 등을 긍정적이든 부정적이든 솔직하고 성실하게 표현하는 태도를 말한다.

이러한 감정의 표현은 상대방과의 솔직한 의사 및 감정의 교류를 가능하도록 도와주기 때문이다.

■ 상대방의 입장에 공감하며 이해하는 것이다

이것은 자신의 생각이나 느낌, 가치, 도덕관 등의 선입견이나 편견을 가지고 상대방을 이해하려 하지 않고, 상대방으로 하여금 자신이 이해받고 있다는 느낌을 갖도록 하는 것이다.

3) 효과적인 대화법

말하는 것을 보면 그 사람의 교양, 마음씨, 인격을 알 수 있다. 즉 말과 인격, 말과 교양은 종이의 앞뒷면과 같아서 훌륭한 인격과 교양을 가진 사람은 자연히 예의 바르고 품위 있는 말을 쓰게 된다. 이와는 반대로 인격과 교양이 보잘것없는 사람은 예의나 품위와는 동떨어진 말을 쓰는 경우가 적지 않다.

이슬람 수피파의 잠언에 이런 글이 있다.

남의 말에 귀를 기울여라, 신중할지어다.
그러나 말수는 적어야 하느니라.
묻는 사람이 없거든 절대 입을 열지 말라.
물음을 받거든 당장 간단히 대답하라.
행여 물음에 대해 모른다고 해도
그것을 고백하기를 부끄러워하지 말라.

인사가 서로에 대해 자신의 존재를 알리는 것이라면, 대화는 보다 실질적이면서 구체적으로 자신을 드러내는 것이다. 그런 의미에서 볼 때, 대화는 의사소통을 함으로써 친밀성을 갖게 해주는 매개체인 것이다.

말 한마디를 잘못함으로써 일이 어긋나거나 관계마저 멀어 지는 경우도 있지만, 천 냥 빚을 한순간에 갚아버릴 수 있게 하 는 것 또한 바로 말이다.

그렇다면 어떻게 대화하는 것이 효과적일까?

■ 상대의 말을 가급적 많이 들어준다

상대의 말이 끝나기도 전에 리듬을 깨버리거나 반박하는 것 은 아주 잘못된 태도이다. 그로 인해 기분이 상한 상대방이 더 중요한 말을 하지 않을 수도 있기 때문이다.

또한 급하고 예의 없는 당신의 행동을 보고 신뢰하지 못할 사람이라고 생각할 수도 있다. 대부분의 사람들은 자신의 말을 진지하게 들어주는 사람에게 호감을 가지며, 일을 맡기고 싶어 하니까 말이다. 그런 의미에서 볼 때, 말을 잘하기 위해서는 말 수를 줄이는 것도 한 방법이 될 수 있다.

말을 많이 하는 것은 상대방의 말을 중간에서 끊는 것만큼이 나 위험한 행위다. 말이 적을수록 말을 잘하는 사람이라는 사 실을 명심해야 한다. 한낱 말솜씨는 '회의가'를 낳을 수는 있지

스피치 달인의 생산적 말하기

만 '철학자'를 만들지는 못한다는 말도 있지 않은가.

또한 과거를 들추며 요란하게 치장하는 것보다는 미래를 위해 사고하는 인간형이 바람직하다는 사실을 명심하자. 아울러, 말이 많아지면 빈 수레가 내는 소음 정도로 취급당할 수도 있음을 잊지 말자.

■ 지나친 침묵은 돌이다

침묵은 금이라고 하지만, 무소건 듣기만 하다 보면 돌이 되고 만다.

대화 중에 침묵을 지키는 사람은 모든 것을 알고 있는 사람이거나 아무것도 모르는 사람이라는 말이 있다. 하지만 상대와 처음 대면하는 자리이고, 무언가 일을 추진하기 위한 순간이라면 상황은 다르다. 상대는 침묵하는 당신이 모든 것을 이해하고 있다고 생각하지는 않기 때문이다.

따라서 생산적으로 대화를 하기 위해서는 상황에 맞게 수긍하거나 질문을 던지는 것도 한 방법이다. 마구 지껄이는 사람은 엉뚱한 시간을 가리키고 있는 잘못된 시계와 같고, 묵묵히 침묵을 지키는 사람은 고장 나서 움직이지 않는 시계와 같다는 말이 괜히 있는 것이 아니다.

무턱대고 상대의 말끝마다 '예'라든가 '맞습니다'라고 추임 새를 넣는 것은 대화에 도움이 되지 않는다. 그보다는 진지한 태도로 상대방의 말을 듣고 나서, 그 내용을 잘 기억하고 있다 가 적절하게 사용하는 것이 더 효과적이다.

이를테면, 상대에게 그 말을 재확인시켜줄 때 슬쩍 꺼내면 상대는 자신의 생각을 보다 쉽게 정리할 수 있기 때문에 당신 의 배려에 감사할 수도 있다.

즐거운 대화법

1. 밝은 표정 부드러운 목소리로 상대를 대하자.
2. 상대방의 말을 끝까지 주의 깊게 듣자.
3. 항상 신선한 이야기로 즐거운 시간을 만들자.
4. 잘난 척하지 말고 마음을 열자.
5. 부정적인 말보다 긍정적인 말을 사용하자.
6. 대화하는 상대방과 눈을 맞추자.
7. 여러 명이 함께 이야기할 때는 소외되는 사람이 없이 골고루 눈 길을 주자.
8. 얼굴이나 몸은 가만히 있는데 눈동자만 함부로 움직이지 마라.
9. 한 옥타브 낮춰서 나지막하게 말하자.
10. 말은 또박또박 힘 있게 하자. 믿음직스럽게.

상황에 따른
대화법

대화를 하다 보면 곤란한 말을 해야 할 때도 있고, 불쾌한 감정을 타인에게 전해야 할 때도 있다. 상황에 따른 응대 화법을 알아보자.

상대방의 잘못을 지적할 때

상대방이 알 수 있도록 확실하게 지적한다. 모호한 표현은 설득력을 약화시킨다.

상대방의 잘못을 지적할 때는 먼저 상대방과의 관계를 고려한다. 힘이나 입장의 차이가 클수록 저항이 적다. 또한 지금 당장 꾸짖고 있는 내용에만 한정해야지, 이것저것 함께 꾸짖으면 효과가 없다.

아울러 뒤처리를 잊지 말아야 한다. 특히 명심할 것은 불필요한 한마디를 덧붙여서는 안 된다는 것이다.

상대방이 늦었을 경우에 '늦었다'는 사실을 지적하는 것은 괜찮지만, '당신은 왜 항상 늦는 거요?'라고 추궁하듯이 묻는 것은 금물이다.

상대방을 칭찬할 때

칭찬은 별다른 노력을 기울이지 않아도 항상 상대방을 기분 좋게 만든다. 그러나 자칫 잘못하면 아부로 여겨질 수 있으므로, 칭찬도 센스 있게 해야 한다.

예를 들면, 본인이 중요하게 여기는 것을 칭찬한다. 처음 만나는 사람에게 말을 할 때는 먼저 칭찬으로 시작하는 것이 좋다. '사무실이 아주 좋은 곳에 있군요.' 같은 간단한 칭찬이 상대를 기쁘게 한다.

상대방에게 부탁해야 할 때

먼저 상대의 사정을 듣는다. '괜찮습니까?' 하고 상대의 사정을 우선시하는 태도를 보여준다.

그런 다음, 응하기 쉽게 구체적으로 부탁한다. 기간, 비용, 순서 등을 명확하게 제시하면 상대방이 한결 받아들이기 쉽다.

거절을 당해도 싫은 내색을 하지 말아야 한다.

상대방의 요구를 거절해야 할 때

먼저 사과한 다음, 응해줄 수 없는 이유를 설명한다. 불가능하다고 여겨질 때는 모호한 태도를 보이는 것보다 단호하게 거절하는 것이 좋다.

거절을 하는 경우에도 테크닉이 필요하다. 정색을 하면서 '안된다'고 딱 부러지게 말을 하면 상대가 감정을 갖게 되고, 자칫하면 인간관계까지 나빠질 수 있으므로 주의해야 한다.

명령해야 할 때

'○○을 이렇게 해라!' 식으로 하인 다루듯 강압적으로 말하기보다는 '○○을 이렇게 해주는 것이 어떻겠습니까?' 식으로 부드럽게 표현하는 것이 훨씬 효과적이다.

설득해야 할 때

일방적으로 강요하거나 상대방에게만 손해를 보라는 식으로 하는 '밀어붙이기 식' 대화는 금물이다.

먼저 양보해서 이익을 공유하겠다는 의지를 보여주어야만 상대방도 받아들이게 된다. 따라서 자신이 변해야 상대방도 변한다는 사실부터 받아들여야 한다.

충고해야 할 때

사람들은 자신의 존재와 능력을 인정해주고 칭찬해주는 사람에게 마음을 열게 되어 있다. 자신에게 부정적이거나 거부반응을 보이는 사람에게는 결코 타협적이거나 우호적일 수 없다는 사실을 잊어서는 안 된다.

충고는 마지막 방법이다. 하지만 그래도 충고를 해야 할 상황이면, 예화를 들어 비유법으로 깨우쳐주는 것이 바람직하다.

질책해야 할 때

질책 화법에 샌드위치 화법이 있다.

샌드위치 화법이란 '칭찬의 말' + '질책의 말' + '격려의 말' 처럼, 질책을 가운데 두고 칭찬을 먼저 한 다음 끝에 격려의 말을 하는 것이다. 그렇게 하면 듣는 사람이 반발하지 않고 받아들이게 된다.

혹 비난을 하고 싶은 생각이 들 경우, 비난하거나 야유하는 말은 결국 부메랑이 되어 자신에게 다시 돌아온다는 사실을 먼저 떠올리도록 하자.

좋은 대화상내가
되는 법

훌륭한 대화 상대가 되려면 다른 사람의 마음을 읽어낼 줄 알아야 한다. 좋은 말은 더 기분 좋게, 부담스러운 내용이라도 실망이나 다툼을 야기하지 않고 상호 이해에 이를 수 있도록 부드럽게 처리하는 요령이 필요하다.

성의 있고 진실한 자세, 상대에 대한 세심한 관찰, 긍정과 공감에 초점을 둔 대화 기법을 습득하고 있다면 안정감 있는 인간관계를 이루는 것이 그리 어렵지는 않을 것이다.

1) 올바른 대화법을 위해 독서를 해라

대화는 일방적인 것이 아니라 주고받는 것이다. 따라서 상대방의 채널에 맞춘다는 기분으로 하는 것이 바람직한 대화법이다.

핵심은 구체적으로 짚되, 표현은 가능한 한 간결하게 해라. 중언부언은 가장 나쁜 대화 버릇이다.

상대방이 말할 때 '지금 당신의 이야기를 이해하고 있다'는 신호를 보내면서 가능한 한 끝까지 들어준다.

올바른 대화법의 기본은 독서에 있다. 유창하고 능숙한 말솜씨를 가지려면 풍부한 어휘력이 필요한데, 어휘력을 기르는 데는 책을 읽는 것이 크게 도움이 된다.

대화에 반드시 필요한 유머감각 역시 자신감과 지식에서 비롯됨은 말할 나위가 없다.

2) 좋은 청중이 되라

말을 잘하는 사람은 남의 말을 잘 듣는 사람이다. 평판 좋은 이들을 보면 대개 말수가 적고, 상대편보다 나중에 이야기하며, 다른 이의 말에 세심히 귀를 기울임을 알 수 있다.

대화의 목적을 파악한 뒤 그 기준에 맞추어 상대방의 말을 경청한다. 상대방의 말이 채 끝나기 전에 어떤 답을 할까 궁리하는 것은 좋지 않다. 주의가 분산돼 경청에 몰입하는 것이 어려워지기 때문이다.

불필요한 감정, 시간의 소모 없이 생산적인 대화를 이끌어가기 위해서는 상대방의 성격, 인품, 습관을 미리 파악하는 것도 한 방법이다.

3) 칭찬을 아끼지 마라

사람은 자신을 칭찬하는 사람을 칭찬하고 싶어 한다. 그러므로 남을 칭찬하는 것은 곧 나를 칭찬하는 일이다.

누구라도 한두 가지 장점을 갖고 있게 마련이다. 그것을 발견하여 진심 어린 말로 용기를 북돋워준다. 간혹 보면 거짓 찬사를 늘어놓는 사람이 있는데, 그럴 경우 오히려 관계를 더 뒤틀리게 할 수도 있으므로 주의해야 한다. 아첨인지 칭찬인지는 듣는 사람이 더 빨리 파악하는 법이니까.

또 한 가지, 심리학자 아른손의 연구에 의하면 사람들은 비난을 듣다 나중에 칭찬을 받게 되었을 때 계속 칭찬을 들어온 것보다 더 큰 호감을 느낀다고 한다. 참고하되, 세련되게 하지 않으면 도리어 낭패를 볼 수 있으므로 주의해야 한다.

4) 공감하고, 긍정적으로 보이게 해라

가장 쉬운 방법은 상대편의 말을 그대로 받아서 맞장구를 치는 것이다. '요즘 사업하기 너무 힘들어'라는 말을 들었을 때, 곧 '정말 힘이 드시겠군요.' 하고 맞장구를 쳐주면 상대방이 편안함을 느낄 것이다. 사람은 자신의 희로애락에 공감하는 이들에게서 안정감과 친근감을 느끼기 때문이다.

긍정의 기술도 필요하다. '얼굴이 왜 그렇게 안 좋아요?' 라고 하는 것보다는 '요즘 바쁘신가 봐요. 역시 능력 있는 분은 다르군요' 라고 말해주는 편이 훨씬 효과적이다.

또한 '당신이 이렇게 멋있었나!' 라고 하는 것보다, '당신 정말 멋있어!' 라고 표현하는 쪽이 훨씬 더 담백하고 긍정적으로 보이게 한다.

그때그때 적절한 감탄사를 동원하여 맞장구를 치는가 하면, 조심스럽게 의견을 제시해보라. 그렇게 하면 상대방은 당신이 자신의 말을 경청하고 있음을 확실히 느낄 것이다.

5) 겸손은 최고의 미덕임을 잊지 마라

남 앞에서 자신의 장점을 자랑하고 싶은 것은 인지상정이다. 그러나 이러한 욕구를 적정선에서 제어하지 못하면 만나는 게 부담스럽고 껄끄러운 사람으로 낙인 찍힌다.

내면적으로 자신감을 갖고 있는 것과 잘난 척하는 것 사이에는 큰 차이가 있다. 장점은 남이 인정해주는 것이지, 자신이 애써 부각시킨다고 해서 공식화되는 것이 아님을 잊지 말아야 한다.

또 너무 완벽해 보이는 사람에겐 거리감이 느껴질 수도 있으므로, 자신의 단점과 실패담을 앞세움으로써 더 많은 지지자를 얻을 수 있다는 사실을 기억하기 바란다.

6) 과감하게 공개해라

비밀의 공유는 강력한 유대감을 불러온다. 좋은 관계를 유지하고 싶은 상대방에게 먼저 자신의 속내를 드러내면, 상당한 효력을 발휘할 것이다.

이는 곧 '나는 당신을 나 자신처럼 믿는다'는 신뢰의 표현이기 때문이다.

7) '뒷말'을 숨기지 마라

별것 아닌 일에도 버릇처럼 중의적인 표현을 사용하는 사람들이 있는데, 이는 곧이곧대로 칭찬하거나 감탄하는 대신에 석연치 않은 뉘앙스를 풍겨 상대방을 몹시 기분 나쁘게 한다. 피해야 할 대표적인 어법 중 하나이다.

특수한 상황이 아니라면 비꼬거나 빈정대는 듯한 표현은 삼가는 것이 좋다.

산뜻한 칭찬과 비판은 대화의 격을 높인다. 반대로 단정적인 말은 금물이다. 따라서 같은 내용이라도 보다 완곡하게 표현할 수 있도록 평소에 훈련해야 한다.

8) 첫마디 말을 준비해라

대화에도 준비가 필요하다. 첫 만남을 앞둔 시점이라면 어떤 말로 이야기를 풀어갈지 미리 생각해두는 것이 좋다. 재치 있는 말이 떠오르지 않을 때는 신문 또는 잡지를 참고하거나, 그 날의 대화주제와 관련된 옛 경험을 떠올려보는 것도 한 방법이다.

사업상의 만남일 경우, 상대방이 미처 생각하지 못하고 있을 법한 분야에 대한 지식을 한두 가지라도 쌓아두면 큰 도움이 된다.

9) 이성과 감성의 조화를 꾀해라

논리적 언변은 대화를 이끌어가는 데 큰 힘이 된다. 그러나 이견이 있거나 논쟁이 붙었을 때 무조건 앞뒤 말의 '논리적 개연성'만 따지고 드는 자세는 바람직하지 않다. 그러한 자세는 사태 해결에도 도움이 되지 않지만, 설사 논쟁에서 승리한다 해도 두 사람의 관계를 예전으로 돌려놓는 것은 거의 불가능해진다.

학문적, 사업적 토론에는 진지하게 임하되 인신공격성 발언은 피하도록 한다. 또한 제압을 위한 논리를 앞세우지 말고, 합의를 위한 논리를 지향해야 한다.

논쟁이 일단락된 다음에는 반드시 서로의 감정을 다독이는 과정을 밟도록 한다. 논쟁 자체가 큰 의미가 없는 것일 땐 감정에 호소하는 말로 사태를 수습하는 것도 나쁘지 않은 방법이다.

10) 대화의 룰을 지켜라

좋은 대화에는 일정한 규칙이 있다.

- 상대방의 말을 가로막지 않는다.
- 혼자서 대화를 독점하지 않는다.
- 의견을 제시할 땐 반론 기회를 준다.
- 임의로 화제를 바꾸지 않는다.

익히 알고 있는 것들이지만 지키기는 쉽지 않다.

말을 주고받는 순서, 그리고 자기가 하려는 말의 분량을 늘 염두에 두고 있으면 실수를 줄일 수 있다.

11) 문장을 완전하게 말해라

그냥 '됐어요' 라고 하는 것보다는 '저 혼자 옮길 수 있습니다' 라든지, '갈게요' 보다는 '다녀오겠습니다' 가 훨씬 단정하고 분명하다.

축약된 말은 자칫 무례하거나 건방지다는 느낌을 줄 수 있지만, 바른 말로 이루어진 완전한 문장은 말하는 이의 품격을 높여줄 뿐 아니라 원활한 의사소통에도 도움이 된다.

오해를 풀기 위한 10가지 충고

1. 명령하는 듯한 말을 쓰지 마라(반항을 일으키는 불씨다).
2. 비판보다 칭찬거리를 먼저 찾으라(칭찬해서 싫어할 사람은 없다).
3. 상대에게 호의를 베푸는 연습을 시작하라(좋아하려고 노력하고 좋아 지도록 연습해야 한다).
4. 상대방의 반항을 존중하라(반항은 단지 존재가치를 느끼고 싶기 때문 임을 알라).
5. 싸우지 마라(말이나 행동에 의한 적대 감정을 피하라. 윽박질러 놓으 면 결과는 손해다).
6. 상대방이 틀렸다고 마구 꾸짖지 마라(틀리고, 나쁜 점을 증명해보라, 이점은 없다).
7. 큰소리가 'NO'라는 뜻이 아님을 알라(80%는 반항함으로 잊고 만다).
8. '나는 당신이 지금 어떤 기분인지를 압니다'라는 말을 애용하라(놀라 운 효과가 있다).
9. 무언가 질문하고 그 얘기에 귀를 귀울여라(진지하게 자기의 말을 들 어주는 사람을 싫어할 사람은 없다).
10. 상대를 위해 기도하고 용서하라(사랑으로 감싸는 모습을 마음속으로 그려라).

설득을 위하여

스피치를 목적에 따라 분류할 때 크게는 세 가지로 나눈다. 단순한 정보를 전하는 경우와 즐거운 분위기를 전하는 경우, 메시지를 통해서 어떤 목적을 이루는 경우이다. 이 가운데 마지막의 것을 가리켜서 설득 스피치라고 말한다.

'설득(Persuasion)'이란 말은 청중으로 하여금 자신이 주장하는 바를 믿도록 화자가 말하는 스피치이다. 우리말로는 충분히 알아듣도록 타일러서 납득하게 하거나 수긍하게 하거나 확신시키는 행위를 의미한다. 그래서 설득의 정의에는 확신시킴이나 설복의 의미가 들어 있는데, 이것은 모두 스피치를 할 때에 청자의 이해의 측면을 강조하는 것이다.

여기에는 감정적인 측면과 이성적인 측면이 모두 포함되어 있다. 설득은 감정적으로는 상대방의 메시지에 심적으로 동의한다는 것을 의미하고, 이성적으로는 상대방이 말한 것을 통해서 이해하고 알아들었다는 것을 의미한다.

그런 점에서 설득 스피치는 스피치를 통해서 화자가 청자에게 미칠 수 있는 영향이 얼마나 클 수 있는지를 말해주고 있고, 또한 청자의 입장에서는 스피치에 의해서 변화의 여지가 주어지는 설득 스피치라는 것을 알 수 있다.

설득 스피치의 특성은 다음과 같다.

① 설득 스피치는 말을 통한 의사소통의 한 방법으로 의사소통과 스피치의 일반적 특성을 공유한다.

② 설득 스피치는 다른 사람의 반응을 일으키며 다른 사람에게 영향을 주려는 스피치로 넓은 의미에서 모든 일상의 말하기가 포함된다고도 볼 수 있지만, 서로 다른 의견을 가진 상대에게서 더 큰 변화를 일으킨다.

③ 설득 스피치는 대화 목적과 관계 목적을 같이 추구하기는 하지만, 청자를 자신의 의지대로 변화시키려는 목적이 있기에 다른 스피치보다는 대화 목적의 비중이 더 커지는 경우가 빈번하다.

④ 설득 스피치 가운데 명령이나 강요에 의한 것은 청자에게 수동적이고 소극적인 성격을 가지나, 정상적인 설득의 경우는

자발적이고 능동적인 영향을 끼쳐서 목표를 달성하는 데에 더 유용하다.

⑤ 설득 스피치는 다른 스피치보다 청자의 변화를 목적으로 하기 때문에 더 고차원적이고 더 분석적인 작업과 전략이 필요하다.

⑥ 설득 스피치는 상황 의존성이 매우 강하며, 철저한 상황분석에 따라 전략을 선택하고 실행해야 하는 조정능력이 필요한 역동적인 과정이다.

⑦ 설득 스피치는 같은 조건을 만족시키기 위해서 더욱더 청자의 분석이 필요하며, 청자의 변화에 따른 대처능력이 요구되는 스피치로서 준비가 더욱 필요하다.

설득 스피치의 요소에는 화자, 청자, 메시지, 상황 등이 있다.

■ 화자

스피치 활동을 구성하고 있는 가장 핵심적이 요건은 화자이다. 화자는 스피치 활동의 성패를 좌우할 만큼 중요한 인지적 구성요소로 화자의 성격과 영향력은 매우 크다. 화자가 어떤 위치와 신분, 혹은 어떤 인격의 사람인가에 따라서 청자에게 미치는 영향의 정도가 지대할 수도 미미할 수도 있기 때문이다. 일반적으로 사람들은 같은 말이라고 할 때에, 전문가의 의견이나 도덕적으로 흠 없는 사람의 말을 더욱 신뢰하고 받아들이는 경향이 있기 때문이다.

또 나아가 화자의 스피치 능력 여하에 따라서 청자를 설득하는 효과도 다르기 때문에, 화자야말로 설득 스피치의 가장 중요한 의미를 지니는 요소이다.

■ 청자

우리가 말을 한다고 하는 것은 혼자서 독백을 하거나 무의미하게 읊조리는 것이 아니라 일정한 장소와 시간에서 어떤 대상을 향해 그 대상과 더불어 의사소통을 하는 것을 말한다. 특히 청자를 화자의 의지나 뜻대로 행동하게 하거나 생각을 바꾸게 하는 설득 스피치의 경우 청자를 생각하지 않고서는 거론할 수 없다. 아무리 중요한 말이라 하더라도 청자에게 외면당하는 스피치는 공허한 외침에 불과하기 때문이다.

설득 스피치에서 청자의 중요성은, 바로 화자가 말할 때에 청자의 수준과 성별, 연령, 최근에 와서는 성격 등까지 청중분석을 해야 하는 것의 중요성을 말한다. 또한 화자가 말하는 기준을 청자에 두어야 함을 밑바탕에 깔고 있어야 한다는 것을 의미한다.

■ 메시지

메시지의 내용과 구조는 화법을 구성하며 영향을 미치는 주요한 요인이다. 또한 설득 스피치에서 내용이나 화자 못지않게 메시지를 어떤 방식으로 구성하느냐에 따라 설득의 효과가 달라질 수 있다는 것은 지금까지의 스피치 연구가 입증해온 것이다.

화법에서 메시지는 단순히 언어와 비언어적 행위뿐만 아니라, 그것이 상대방에게 정보를 제공해주며 그의 질문과 욕구를 해결해주어야 하는 청자와 관련된 것이어야 한다. 또한 그것을 전하면서도 가장 효율적 방법을 모색해야 한다는 것까지도 염두에 두어야 함을 포함하는 말이다.

■ 상황

상황은 스피치의 주제와 방법, 결과 모두에 영향을 끼치는 중요한 요소이다. 즉, 스피치가 이루어지는 시간, 장소, 분위기, 그리고 청자의 상태 등에 따라 스피치의 주제나 토우피, 방법이 달라져야 한다는 것이다. 그러므로 설득 스피치는 말하기 전에 철저한 분석과 아울러 효과적인 전략을 사용하는 것을 원칙으로 한다. 상황은 바로 설득 스피치의 배경일 뿐 아니라 설득 스피치의 과정에 관여하는 영향력을 지닌 하나의 요소다.

스피치는 시간, 장소, 대화의 형식과 화제에 따라 그 양상이 다르게 전개된다. 그러므로 화자는 다양한 상황적 맥락에 따

라 그 요인들을 적절히 고려하면서 대화의 목적을 추구해야
한다.

설득 스피치를 하기 위해서는 몇 가지 능력이 필요하다.

■ 기본 능력

설득하기 위해서는 기본적으로 말할 내용을 만들어야 하고,
그 내용을 체계적으로 조직하여 효과적으로 표현할 수 있어야
한다. 즉, 일반적인 말하기 능력과 관련하여 내용생성 능력, 내
용조직 능력, 표현 및 전달 능력이 필요함을 알 수 있다.

먼저, 내용생성 능력은 정보의 풍부성, 관련성, 정확성 등과
관련되며, 추론, 종합, 비판적 사고력을 동원하여 대화의 목적,
시간, 장소, 청자의 상황을 고려하여 내용을 적절하게 생성하
는 능력을 말한다.

내용조직 능력은 비교하기, 분류하기, 순서정하기 등의 방법
으로 생성된 내용들을 구성하는 능력으로 5W1H의 원칙에 준
하여 상황 맥락에 맞게 내용을 조직하는 것이다.

표현 및 전달 능력은 간결성, 명료성, 유창함, 창의성 등과
관련된 것으로 언어적 표현과 비언어적 표현, 그리고 보조자료
(프레젠테이션, 팸플릿) 등을 효과적으로 사용할 수 있는 능력을
포함한다.

■ 기타 능력

기본 능력 이외에도 스피치의 전반적인 상황과 관련하여 주어진 상황에서 자신의 관점을 견지하면서도 상대방의 변화를 읽을 수 있는 능력이 필요하다. 이것을 통상 감정이입할 수 있는 능력이라고 말한다.

더 나아가 상대방에게 객관적 견지에서 평을 해주거나 제안할 수 있는 능력이 필요하다. 자신과 상대방 모두를 객관적 위치에서 볼 수 있게 하는 객관적 관점을 확보하는 것도 하나의 능력이라고 할 수 있다.

상황 자체를 인식하고 해석할 수 있는 능력도 필요하다. 상황의 변화를 읽어서 원래 준비하였던 스피치의 목적에 맞게 상대방의 반응과 요구를 조절하면서 그 변화에 맞추어서 대처할 수 있는 능력이 필요하다. 이것은 기본적인 전략을 조정할 수 있는 능력이거나, 상대의 탈선에도 아랑곳없이 대화의 주목적으로 되돌려놓을 수 있는 능력이다. 그래서 어떤 점에서 보면 설득 스피치를 잘한다고 하거나 그 방면의 전문가라고 할 때에는 기본 능력보다 기타 능력을 더 잘 발휘하는 사람이라고도 할 수 있을 것이다.

설득 스피치 기법

설득은 믿음의 문제이다. 믿게 하지 못하면 설득할 수 없다. 우리가 잊지 말아야 할 것은 모든 설득은 다른 사람이 나를 설득하는 것이 아니라 스스로 자신을 설득하게 될 때 이루어진다는 점이다. 이것을 설득의 '자기암시 효과' 라고 부른다. 우리는 우리가 믿게 된 것을 믿을 수 있게 할 뿐이다.

설명을 표현할 땐, 설명하는 내용에 대한 가치 판단은 그다지 필요하지 않다. 이해한 다음에 가치가 있는지 판단하는 것은 상대방이기 때문이다. 그러나 설득의 경우 화자가 그 내용에 대한 가치 판단이 확실히 서 있지 않으면 안 된다.

"나의 이야기는 정말로 당신에게 유용하기 때문에 잘 들어야 합니다. 나도 이 이야기를 믿습니다. 이대로만 하면 당신에게 분명히 유익할 것입니다."

이처럼 말할 수 있어야 진정한 의미의 설득 스피치가 될 것이다. 자신에게 유익하지 않은 것이라고 생각된다면 상대방에게도 말하지 말자. 분명한 것을 확실히 간단하고 명확하게 말하는 것이 설득의 기본전략이라는 것을 잊어서는 안 된다.

설득을 위한 화술법 11가지를 소개해보겠다.

1) 준비는 많이 하되 발표는 짧게 하라

발표는 될 수 있는 대로 짧게 하는 것이 좋다. 어떤 정해진 시간을 채워야 한다면 그렇게 하되 더 이상은 하지 마라. 길고 산만한 발표를 하는 것보다 설득력 있고 간단한 대화를 준비하는 데 더 많은 시간이 요구될 것은 분명하다. 그러나 그것은 그만큼 가치 있는 일이다.

2) 당신의 목적을 진술한 다음에는 그것에 관해 어떠한 의심도 하지 마라

당신의 목적이 논쟁할 가치가 있는 것이라면 또한 진술할 만한 가치도 있다는 뜻이다. 일단 진술할 가치가 있는 것이라면 그것을 반복해서 주장하는 것에 대해 걱정하지 마라. 당신의 목적을 자주 그리고 다양한 방법으로 진술하는 것을 두려워하지 마라. 청중들이 당신 자신이 분명하게 밝히지도 못한 소망을 들어줄 정도로 동정적일 것이라고 기대하지 마라.

당신이 목적을 적절하게 주장하지 못하는 것은 보통 자신이 그런 권리에 관해 갈등을 느끼고 있다는 표시이다. 당신이 갈등하고 있는데 어떻게 다른 사람이나 군중이 그것을 당신에게 해주도록 기대할 수 있겠는가.

3) 당신이 찾아낼 수 있는 견해의 일치점이 무엇이든 거기에서 시작하라

당신이 다른 사람과 공유하고 있는 신념과 욕망으로부터 시작하라. 당신과 완전히 다른 목적을 갖고 있는 집단에게 말할 때라도 일치점을(필요하면 억지로라도) 찾아내라. 당신과 그 집단 모두 진리의 존재를 믿는다. 둘 다 공동체에 관심을 갖고 있다. 이 점에서 당신이 상대방의 순수성을 알고 있다는 점을 분명히 해라.

겸손하게 굴지 말고 상대방의 견해를 이해하고 있음을 보여주어라. 일단 상대방에게 당신이 그의 말을 진지하게 들었음을 느끼도록 한다면, 그들도 당신 말을 훨씬 더 경청하게 될 것이다. 일상생활에서 자신의 말이 무시당했다고 느끼는 사람일수록 사소한 일에까지 이의를 제기한다. 그리고 당신이 연설을 하고 있는 동안 청중들의 반응이 없더라도 굴하지 말고 계속하라.

4) 당신의 요구사항을 최소한으로 줄여라

당신은 견해의 일치점에서 시작했다 이제부터는 차이점을 최소한으로 유지하라. 어떤 발표에서든 단지 낮은 점수만을 얻을 수 있을 뿐임을 깨달아라. 잘못된 점이 많이 있다면, 그것들을 한꺼번에 모두 제기하지 마라. 그렇지 않으면 상대편이 압도당하거나 스스로를 무력하게 느끼게 될 것이다.

가장 중요한 한 가지 또는 많아야 두 가지 정도를 선택하라. 당신이 변화를 원한다고 제시하면서도 계속 일치점으로 되돌아가도록 하라.

5) 욕망에 호소하라. 그러나 그것을 욕망과 동일시하지 마라

그렇지 않으면 상대방은 욕망에 불타고 있는 것처럼 보이지 않기 위해 틀림없이 저항할 것이다. 은근히 호소하라. 많은 사람들에게 욕망은 가장 강력한 동기를 일으키는 감정이다. 그러나 대부분의 사람들은 그것을 인정하지 않는다. 당신의 말을 듣고 있는 사람이 어떻게 이익을 얻을 수 있는지 보여주어라.

그러나 이것을 노골적으로 말하거나 상대방이 혜택받기를 원하고 있다는 식으로 비추지는 마라. 상대방에게 당신이 원하는 것을 함으로써 생기는 명백한 혜택들에 대해 설명한 후, 가능하면 당신이 가지고 있는 고상하고 감정이 깃든 이유를 제공하라. 이를 통해 그 사람은 자신의 이익을 위해 행동하면서도 스스로를 고결하다고 느낄 수 있는 기회를 갖게 될 것이다.

6) 듣는 사람의 감정에 호소하라. 하지만 이성에 호소하고 있는 것처럼 보이게 하라

순전히 논리적으로만 보이는 주장을 하는 것은 흔히 저질러지는 실수이다. 특히 총명한 사람들일수록 이런 실수를 잘 범한다. 물론 당신은 가능한 한 모든 논리를 사용해야만 한다. 사람들은 (당신이 그들을 위해 감정적으로 말하더라도) 논리적으로 추론하고 있다고 느끼기를 좋아한다.

그러나 논리에도 감정이 깃들여 있다. 그리고 상대편을 진정으로 움직이게 하는 것은 감정임을 이해해야 한다. 어떤 문제가 아무리 감정으로부터 분리되어 있는 것처럼 보일지라도 이것은 진리이다. 우리 모두가 감정에 의해 좌우되지만, 누구도 이 사실을 공개적으로 인정하는 것을 좋아하지는 않는다. 그러므로 당신이 가장 감정적인 주장을 할 때마저도 단지 간단한 상식을 말하고 있는 것처럼 하라. 노골적으로 감정적인 낱말들을 사용하지 마라.

7) 당신 말을 듣고 있는 사람에게 느끼는 방법까지 말하지 마라

사람들은 어떤 것에 대한 자신의 경험이 꼭 어떠해야만 한다고 말하는 사람에게 본능적이고 사나운 분노를 터뜨린다. "당

신이 이 결혼생활을 끝장낸다면 평생 동안 후회할 것이다"라고
했다고 해보자. 만약 상대방이 용기 있는 사람이라면 이런 진
술을 무슨 일이든 네 멋대로 해보라는 도전으로 받아들여 당신
에게 대들 것이다. 당신이 할 수 있는 일은 상황을 묘사하고 그
것을 스스로 경험해보는 것뿐이다. 그러면 상대편이 당신의 경
험에 합류할 수도 있을 것이다.

8) 푸념하지 마라, 자기연민을 내뱉지 마라

노골적으로든 어감으로든 푸념하지 마라. 이것은 무엇보다
도 당신을 실패자처럼 보이게 만든다. 당신이 불공평한 취급을
받았다고 불평하는 것은 상대방을 동정심이 없고 잔인하다고
비난하는 것이나 마찬가지다. 당신은 암암리에 상대방을 비열
하다고 말하고 있는 것이다.

어떤 사람도 그런 말을 듣기 좋아하지 않는다. 틀림없이 그
사람은 당신에 대한 자신의 판단을 정당화할 것이며 계속 똑같
은 식으로 취급할 것이다. 어떤 경우 불평으로 그 사람을 움직
이게 할 수 있을지라도, 그것은 자칫 그 사람이 당신을 자신의
삶에서 불필요한 존재라고 생각하게 만들기 쉽다.

사람들은 잘 알려진 자기연민 중독자들을 책임지기를 꺼린
다. 당신이 불평만 하는 사람이라면 다른 사람보다 두 배 이상
열심히 일함으로써 그것을 보상해야만 한다.

대화와 설득을 위한 말하기

9) 당신의 주장을 단도직입적으로 말하지 마라

질서정연하게 증거를 제시함으로써 당신 말을 듣고 있는 사람들을 이끌어라. 당신의 목적을 분명하게 말하라. 그러나 그때 그 사람이 당신의 결론을 자신의 것으로 받아들일 수 있도록 당신의 입장을 제시하라. 증거는 다른 사람들이 당신의 입장을 강요당하고 있다고 느끼지 않도록 드러내야 한다.

상대방이 당신과 똑같은 결론을 내리게 되면 이상적일 것이다. 그러나 스스로 결론을 내릴 때처럼 자신감을 갖도록 꼭 배려해야 한다.

10) 달변가처럼 보이지 마라

매우 명료하게 말을 잘하는 사람이라는 인상을 주는 것은 종종 당신에게 해로울 수도 있다. 당신은 사람들을 감동시키고 있다고 생각할지도 모르지만, 지적 능력이 부족한 사람들은 예상밖의 반응을 보일 것이다. 현학적인 것처럼 보이는 스피치에 직면했을 때, 그들은 갑자기 방어적이고 회의적이 될 것이다.

그들이 당신의 생각을 완전히 이해하고, 그것을 자신의 것으로 받아들이기를 원한다면 될 수 있는 대로 저자세를 유지해야만 한다. 일단 그들이 당신의 관점을 이해하게 된다면, 특히 그들이 당신은 웅변가가 아니며 자신들과 같은 보통사람에 지나지 않는다고 느끼게 된다면, 그들은 당신을 돕기 위해 나서기까지

할 것이다.

11) 당신이 청중들에게 말한 것 이상의 무엇이 존재한다고 암시하라

청중들로 하여금 당신이 아직 하지 못한 말이 많다고 느끼게 만들어라. 당신의 입장을 옹호할 모든 세세한 사항들과 이유들로 그들을 괴롭히고 싶지 않다는 점을 은근히 부각시켜라.

듣는 사람들의 수고를 덜어주어라. 그리고 당신이 그들의 수고를 덜어주고 있음을, 즉 많은 것들 중 약간의 것만 이야기하고 있다는 것을 그들에게 암시하라

끝으로 통상적으로 설득 심리학에서 사용하는 법칙을 통해서 만들어놓은 한국인이 설득당하기 쉬운 설득 기법을 살펴보자. 이를 잘 활용해서 설득 스피치에 성공하는 사람들이 되자.

① 호감을 얻도록 한다 – 미소가 주재료가 된다.
② 마음의 빛을 안겨라 – 뿌리는 자만이 거둘 수 있다.
③ 한 단계 양보하라 – 한 단계 양보하여 결과를 얻어라.
④ 쉬운 것부터 구하라 – 작은 곳에서 출발하라.
⑤ 성공사례를 들어라 – 모방 심리를 이용하라.
⑥ 일관적인 심리를 이용하라 – 한 입으로 두 말 하지 않는다.
⑦ 권위를 이용하라 – 위엄으로 상대를 제압한다.

⑧ 충고하라 – 상대의 심리욕구를 깨워라.

⑨ 공포심을 일으켜라 – 두려움 앞에 초연한 사람은 없다.

⑩ 체면의식을 이용하라 – 한국인은 체면에 죽고 체면에 산다.

⑪ 자신의 약점도 말하라 – 진솔하게 말하는 것 이상의 방법은
없다.

 직장 내에서 듣기 좋은 말 베스트 10/ 듣기 싫은 말 베스트 10

듣기 좋은 말 10가지	듣기 싫은 말 10가지
1. 잘했어, 역시 자네가 최고야.	1. 이렇게 해서 월급 받겠어?
2. 이번 일은 자네 덕분에 잘 끝났어.	2. 시키는 대로 해.
3. 괜찮아, 실수할 수도 있어.	3. 내가 사원 때는 더한 일도 했어.
4. 오늘 내가 한잔 살게.	4. 내일 아침까지 해놔.
5. 그런 인간적인 면이 있었군.	5. 야, 이리 와.
6. 내가 도와줄 건 없나?	6. 이거 확실해? 근거자료를 가져와봐.
7. 나도 잘 모르겠네, 좀 도와줄래?	7. 이번 실수는 두고두고 참조하겠어.
8. 자네를 믿어.	8. 머리가 나쁘면 몸으로 때워라.
9. 패션 감각이 돋보이는데.	9. 자넨 성질 때문에 잘되긴 글렀어.
10. 조금만 더 참고 같이 노력합시다.	10. 요새 한가하지? 일 좀 줄까?

자녀와의 대화에도
전략이 필요하다

　동네 놀이터를 둘러봐도 어린이들을 찾아보기 힘들다. 어린
이들의 숫자가 적은 동네여서가 아니라, 놀 시간이 없을 만큼
바쁘다는 이야기다.

　어린이들의 하루 일과를 보면 24시간이 모자랄 지경이다. 학교
에서 끝나자마자 학원으로 달려가야 하고, 집으로 돌아오면 시선
은 텔레비전이나 인터넷, 전자 게임 등에 빠져버리기 일쑤다.

　이웃과 어울릴 기회가 없어서인지, 아이들은 점점 개인주의
성향을 띠면서 정서적으로 점점 메말라가는 모습을 보인다.

　가정의 모습도 별반 다르지 않다. 맞벌이 부부가 늘어나고,
모두가 바쁘다는 이유로 얼굴 맞댈 시간이 점점 줄어들고 있는
형편이다. 또한 공통된 주제의 이야깃거리가 없다 보니 서로를

이해할 수 있는 폭이 점점 좁아질 뿐 아니라 건강한 관계 형성에도 어려움을 겪게 되어, 가족의 결속력이 급격히 약화되고 있는 실정이다.

더군다나 사랑이 넘쳐야 하는 부모 자식의 관계가 책임과 의무의 관계로 변질돼가고 있는 지경이니, 이러한 현상이 바쁜 현대인의 특징이라고는 하지만 보통 심각한 문제가 아닐 수 없다.

국가의 기본 단위인 가정이 이처럼 부실해진다는 것은 결국 우리의 미래가 무너진다는 것을 의미하며, 이러한 삶의 양태는 경제적인 풍요로움은 가져올지 모르지만 삭막하고 메마른 감정을 가진 건조한 인간을 양산하는 결과를 초래할 뿐이다.

우리가 아무리 급변하는 세상을 살고 있어도, 결코 포기해서는 안 되는 것이 있다. 그것은 아이들에 대한 관심이다. 일상생활 속에서 아이들에게 보이는 작은 관심이야말로 아이들의 성장에 민감하게 영향을 미치는 요소이므로, 그 어떤 일보다도 우선되어야 한다. 그러나 지금의 현실을 돌아보면, 교육의 효과나 결과가 당장 가시적으로 나타나지 않는 것에 대해서는 그냥 지나치거나 소홀이 하는 경향이 만연하고 있다. 하지만 그리 멀지 않은 장래에 변해버린 아이들의 모습을 보고 후회한다 해도, 그때는 돌이키기에 너무 늦을 것이다.

우리의 자녀를 사람다운 사람으로 기르기 위해서 가장 신경 써야 할 것은 대화이다. 물론 가장 중요한 대화 상대는 부모를 비롯한 가족과 이웃이다. 특히, 엄마와 아이는 대화를 자주 해야 한다. 일부러 시간을 내서라도 그런 기회를 만들어야 한다. 그렇지 않으면 아무것도 해결되지 않는다.

하루에 최소한 30분은 아이와 함께하면서 대화를 나누고, 사랑의 감정을 교감해라. 따로 시간을 내는 것이 어려우면, 일을 하는 도중에라도 아이와 대화를 나눠라. 열심히 일하는 엄마의 모습은, 오히려 아이에게 책임감이 무엇인지를 가르쳐줄 것이다.

무엇보다 중요한 것은 아이의 생각이다. 엄마의 사랑이 아무리 크고 절실하다 해도, 아이 스스로가 사랑받고 있다고 느끼지 못하면 소용없는 일이기 때문이다. 따라서 아이가 엄마의 사랑을 느낄 수 있도록 끊임없이 노력해야 한다. 엄마가 저렇게 바쁜데도, 나에게 주는 사랑은 부족하지 않다고 믿도록 만들어줘야 한다. 자녀와 대화를 나누고, 사랑의 감정을 교감하자.

그렇다면 무슨 내용으로 어떻게 대화해야 할까?

대부분의 사람들은 상투적인 일상어에 중독되어 있기 때문에, 자신도 모르게 입에 배어 있는 일상어를 뱉어내고도 그것을 이상하다고 느끼지 못한다. 또 막상 다른 말을 하고 싶어도 무슨 말을 어디에서부터 할지 몰라서 망설일 때가 적지 않다.

이렇게 준비되지 않은 상태에서 던져지는 일상어로 인해 아이는 마음 상해할 수도 있다. '공부해라', '숙제해라', '씻어라', '양치질해라', '정리정돈해라' 등의 말들은 아이들에게 아무런 감흥을 주지 못할 뿐 아니라, 오히려 반발심을 유발시킬 것이다.

아이들은 귀에 못이 박혀버릴 정도로 듣는 이야기에는 관심조차 가지려 하지 않는다. 판에 박힌 잔소리, 간섭이라고 간주할 뿐이다. 하지만 엄마는 아이들을 사랑하는 마음만 가득할 뿐, 이런 상투적인 일상어를 남발하면서도 문제의식을 거의 갖지 못한다. 분명한 것은 이 말을 듣는 아이들의 생각은 다르다는 것이다. 따라서 상투적인 일상어를 버리고, 사랑이 넘치는 내용으로 바꿔야 한다. 그 내용은 다음과 같다.

① 명령하는 말에서 아이의 생각을 존중해주는 말로 바꿔야 한다.
② 아이가 충분히 자신의 의사를 표현할 수 있도록 인내하며 기다려줘야 한다.
③ 어떤 문제 앞에서든 긍정적으로 생각할 수 있도록 지원해줘야 한다.
④ 스스로 생각할 수 있도록 도와줘야 한다.
⑤ 다양한 생각을 수용해줘야 한다.
⑥ 단번에 의기소침해질 수 있으므로 아이의 생각을 무시하지 말아야 한다.

모르고 하면
병이 되는 비평

삶을 소외시키는 대화방법의 대표적인 유형은 도덕주의적 비판이다. 이것은 자신의 가치관과 부합하지 않는 타인의 행동은 나쁘다든지, 부정하다고 판단하는 것이다.

이러한 판단은 다음과 같은 말로 나타난다.

"너는 너무 이기적이어서 문제야."

"그 애는 게을러."

"그들은 편견에 가득 찼어."

"그건 당치 않아."

비난, 모욕, 비판, 비교, 분석, 낙인을 찍어버리는 말 등이 모두 판단하는 말이다.

수피(이슬람교의 신비주의자) 시인 루미는, "옳은 일, 그른 일이라는 생각 저 너머에 들판이 있네. 우리 거기서 만나세"라고 말했다.

삶을 소외시키는 대화방법은 옳고 그름을 따지는 생각으로 가득
찬 비판의 세계에 우리를 가둬버린다.

비판은 사람들과 이들의 행위를 이분법적으로 구분하는 말로 가
득 찬 언어다. 이 언어를 사용할 때 우리는 다른 사람의 행동을 비
판하면서 누가 옳고 그른지, 정상이고 비정상인지, 책임감이 있고
없는지, 똑똑하고 무지한지를 따지는 데 몰두하게 된다.

                              —마셜 B. 로젠버그 〈비폭력대화〉에서

누구나 비평을 두려워한다. 비평을 하는 것 자체가 자신에게
도 상대방에게도 백해무익일 경우가 많다. 그래도 좋은 말만
할 수는 없는 법이니, 제대로 비평을 하는 법과 남의 비평을 받
아들이는 법을 살펴보자.

1) 비평을 하는 요령

· 비평의 방법이나 상황을 예측하여 적절한 때와 장소를 미리
예고하고 개인적으로 비평하는 것이 좋다. 갑자기 여러 사
람 앞에서 비평하게 되면 충격을 받거나 심하게 반발할 수
있다.

· 구체적으로 비평한다.

     예 "너는 엄마를 도와주기 위해 방 청소 좀 하면 안 되니?"

("너는 항상 왜 그러니?"보다는 이런 식으로 말하는 게 좋다.)

· 야단하거나 실책하시 밀고 객관적으로, 건설적으로 표현
한다.

> **예** "자넨 다른 일은 잘하는데 다른 직원들에게 인사만 좀 하면
> 더 멋있는 사람이 될 거네."

· 부정적인 단어를 피한다.

> **예** "미쳤어."
>
> "융통성이 없어."
>
> "못된 놈."
>
> "제멋대로야."
>
> "꽉 막혔어."
>
> "틀려먹었어."

· 진지한 태도로 하되 너무 자주 하거나 길게 비평하면 잔소
리같이 들려서 효과가 적다.

· 상대방이 취할 수 있는 어떤 대안을 제시하면서 비평하면
반발심을 키울 수 있다.

· 감정을 솔직히 표현하면서 비평하는 것이 좋다.

> **예** "내 입장에서 자네들에게 솔직히 말하기가 참으로 곤란하
> 지만 그러나…."

2) 비평을 받아들이는 요령

· 먼저 그 비평이 공평한가 판단하여 만일 그 비평이 불공평
한 경우에는 반문할 수 있다.

> 例 "선생님은 숙제를 하기 어렵게 내줍니다."
>
> 答 "어떤 부분이 어려운가요?"

· 만일 공평한 비평이면 상대방에게 구체적인 대안을 물어
본다. 그러나 상대방의 대안을 반드시 채택할 필요는 없
다. 다만 고려사항으로서 경청하고 나서 건설적인 비평을
해준 상대방의 노력에 감사의 뜻을 표시하면 세련된 매너
라고 볼 수 있다.

· 비평을 들을 때 구차하게 자기 비판적이거나 자기 변명을
늘어놓지 않는다.

· 비평이 불명확할 때는 명확하게 이야기해 줄 것을 부탁한다.

> 例 "그 점은 이해가 안 되는데 정확히 이야기 좀 해주시겠습
> 니까?"

· 만일 당신이 다른 견해를 가지고 있을 때는 비평에 대해서
공격을 가하지 말고, 당신의 의견을 정정당당히 밝히는 것
이 좋다.

· 비평에 대한 당신의 감정을 표현하는 것이 좋다.

> 例 "당신의 말에 일리가 있다. 의견을 이야기해주어서 참 고
> 맙네. 그런데 그런 이야기라면 기왕이면 사적으로 내 사무

스피치 단인의 생산적 말하기

실에 와서 이야기해준다면 내 기분이 더 낫겠군."

논쟁에서 이기는 37가지 방법 – 쇼펜하우어

1. 상대의 주장을 확대시켜 받아들인다.
2. 동음이의어를 이용한다.
3. 상대적으로 제기된 주장을 절대적인 주장으로 받아들인다.
4. 전제들의 전제들을 제기하여 인정을 받아낸다.
5. 상대의 사고방식을 이용한다.
6. 증명해야 할 사항을 도리어 슬그머니 전제로 삼는다.
7. 한꺼번에 많은 것을 묻는다.
8. 상대를 화나게 한다.
9. 두서없이 질문을 던진다.
10. 이미 인정받은 사실로 도입한다.
11. 유리한 비유를 선택한다.
12. 과장된 반대 명제를 제시한다.
13. 이유가 안 되는 것을 이유로 받아들인다.
14. 옳기는 하지만 아리송한 명제를 이용한다.
15. 모순되는 것이 있는지 찾아본다.
16. 반격당한 부분을 세밀하게 구별한다.
17. 진행을 중단시키거나 방향을 바꾼다.
18. 일반적인 일로 돌려서 이의를 제기한다.
19. 인정받은 선명제들에서 곧바로 결론을 끌어낸다.
20. 궤변은 궤변으로 대응한다.

21. '선결 문제의 요구'는 사절한다.
22. 상대가 주장을 과장하도록 자극한다.
23. 불합리한 결론을 내린다.
24. 반대 사례를 제시한다.
25. 맞받아친다.
26. 상대가 화를 내는 논거를 역설한다.
27. '청중에 따른' 논거를 이용한다.
28. 진지한 태도로 갑자기 딴소리를 한다.
29. 권위를 이용한다.
30. 자신의 설명이 부족하다면서 상대의 몰이해를 드러낸다.
31. 사람들이 싫어하는 범주와 연관이 있음을 보여준다.
32. 이유는 인정하면서도 결과는 부정한다.
33. 상대가 회피하는 사항을 파고든다.
34. 동기를 통해 의지에 영향을 준다.
35. 무의미한 말을 진지한 표정으로 늘어놓는다.
36. 상대가 틀린 증거를 택했다면, 그것을 상대의 명제가 틀렸다는 논거로 삼는다.
37. 상대의 개인적인 일을 공격한다.

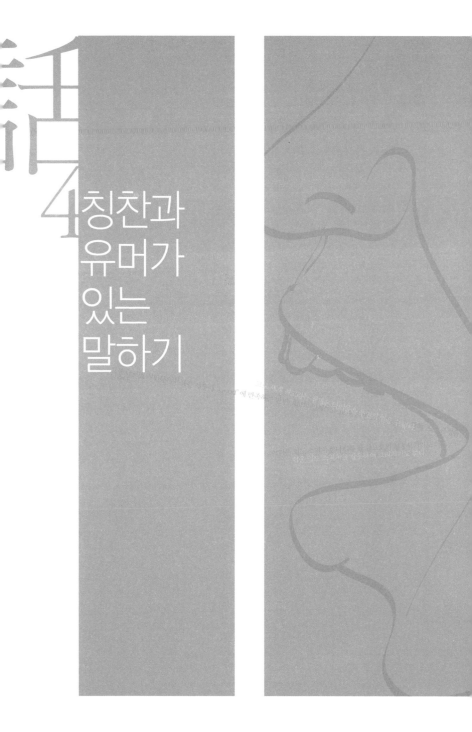

話 4

칭찬과 유머가 있는 말하기

유머,
그 행복한 바이러스

　우리는 잘 웃고 잘 웃겨야 성공하는 시대에 살고 있다. 이제 유머가 리더십에 필요한 덕목이 되었고 웃기는 리더가 성공하는 시대가 되었다. 유머는 인간관계를 형성하는 데 유익한 작용을 한다. 낯선 분위기를 어색하지 않게 풀어나가는 유머감각이 있는 사람은 그만큼 이득을 얻는 셈이다. 남들에게 주목받고 성공하기 위해서도 유머감각을 기르는 것이 필요하다. 유머 감각을 기르기 위해서는 6가지의 습관이 필요하다(김진배).

　① 생각하는 방식을 바꿀 것 – 긍정적인 사고를 길러라. 긍정적인
　　 사고가 원천이다.
　② 항상 메모하고 연구할 것 – 뜻밖의 상황을 접하고 놀라거나 예

상 밖의 상황에 웃음이 터졌을 때는 즉시 메모하라.

③ 연상하는 습관을 가질 것 – 뒤집어서 생각하라. 하루에 한 가지씩, 평소에 알고 있던 상식을 뒤집어 보라. 일반적인 표현에서 한마디만 뒤집으면 거기에서 웃음이 터지게 된다.

④ 비교와 비유에 익숙해질 것 – 세상의 사물이나 현상에는 그것과 비교되는 대응물이 있다. 비교를 효과적으로 사용하는 것은 화술의 기본이다. 그래서 비교를 사용할 수 있는 순발력을 키워야 한다.

⑤ 꾸준히 실험하고 평가할 것 – 온몸으로 실천하라. 다른 사람의 행동을 보고 웃음이 나왔다면 의식적으로 그걸 따라 해보고, 필요하다면 거울을 보면서라도 연습하라.

⑥ 예의와 자연스러움을 몸에 익힐 것 – 표정에 웃음을 담아라. 거울을 들여다보고 자신의 표정에 점수를 매겨라. 사진을 찍는다고 생각하고 자연스럽게 웃어라. 이를 반복하면 자기에게 가장 편하고 자연스러운 웃음을 익히게 된다.

특히 존경받는 리더가 되려면 유머를 적재적소에 사용할 줄 알아야 한다. 유머는 주위를 환기시키고 산만한 분위기를 한곳으로 집중시키는 마력을 지녔다. 현명한 지도자는 유머를 양념으로 적절히 사용할 줄 알아야 하는 것이다.

유머는 시간과 장소, 상황에 따라 종류와 길이도 다르게 하

는 것이 좋다. 유머가 언제나 웃음을 주고 좋은 결과를 낳는 것
은 아니다. 때로는 오히려 적대감을 키우게 하는데, 그런 경우
는 인신공격성 유머나 되받아치는 성향의 유머, 분위기를 파악
하지 못하고 아무데서나 남발하는 유머 등이다. 따라서 좋은
유머와 나쁜 유머를 구별해서 사용해야 하는데, 거기에 필요한
9가지 요령을 살펴보자(김은태).

① 상대를 헐뜯는 부분이 담겨 있는지 살펴본다.
② 비교 대상으로 쓰인 것이 혐오스럽다면 이미 실패한 유머다.
③ 훈훈한 인정이 오가는 내용이라면 일단 좋은 유머다.
④ 상대에 대한 배려가 있는가 없는가 살펴본다.
⑤ 신체적 약점을 이용하는 내용이 있는지 살펴본다.
⑥ 두 번 이상 연상해야 고개가 끄덕여지도록 한다.
⑦ 지금 이 유머가 주변 정서와 어울리는가 확인한다.
⑧ 웃음의 뒷맛이 씁쓸하지 않도록 한다.
⑨ 유머를 듣고 웃음이 갑자기 나오는지 슬며시 나오는지 확인
한다.

말만 하면 좌중을 썰렁하게 만드는 펭귄이 되는 분들도 있을
것이다. 그들은 자신을 다른 사람과 비교하면서 자신의 재능이
모자란 것에만 집중하는 경향이 있다. 그렇더라도 유머를 사용

하는 것을 멈추어서는 안 된다. 왜냐하면 유머감각은 선천적이기두 하지만 후천적 영향을 많이 받기 때문이다.

유머 역량을 높이기 위해서는 무엇보다도 많은 자극을 받는 것이 좋다. 책에서 유머의 소재를 찾든가, 개그 프로나 유머가 나와 있는 신문이나 인터넷 사이트를 통해서 자주 웃을 수 있는 계기를 접하는 것이 좋다. 그러다 보면, 사용할 수 있는 금쪽 같은 유머가 눈에 띌 것이다.

설혹 내가 웃기지 못하더라도, 다른 이의 유머에 반응을 크게 보이면 된다. 사람들은 대개 똑똑한 사람들 앞에서 웃음을 보이지 않고 긴장하는 경우가 많다. 상대가 바보처럼 생각되도록 비록 다 알고 있는 이야기일지라도 웃어주고, 모자란 구석을 내비침으로써 경계하지 않도록 만들어야 한다. 나의 어정쩡한 모습을 상대는 유머라고 생각할 것이다.

좀 더 고급스러운 유머를 구사하려면 아이러니나 풍자에 익숙해져야 한다. 동음이의어나 시사적 문제에 대한 비교를 통해서 단세포적인 웃음보다는 무언가 한 다리 건너서 웃게 하는 것이 좋다. 또한 풍자가 좋은 것은 웃고 나서도 무언가 생각할 여지를 줄 수 있다는 점이다. 특히 자기의 약점이나 실패담, 별명 등을 가지고 자신을 낮추는 풍자를 할 경우, 오히려 상대에게 친밀감을 높여주는 이점도 있다.

남들에게 발표할 기회가 있는 자리에서 유머를 활용하기 위해서는 다음의 사항을 유념하는 것이 좋다.

① 발표의 주제와 직접적으로 연관된 유머를 활용하라.
② 자기가 던진 유머에 자기가 먼저 웃지 마라.
③ 상대의 약점을 가지고 유머를 하지 마라.
④ 간결하고 핵심이 뚜렷한 유머를 구사하라.
⑤ 유머를 청중과 연관시켜라.
⑥ 잘 알아들을 수 있도록 큰 소리로 말하라.
⑦ 실패한 유머를 반복하지 마라.
⑧ 성공한 유머도 반복하지 마라. 같은 얘기는 한 번으로 족하다.
⑨ 자기 자신을 소재로 한 유머를 구사하라(외모, 나이, 재미있는 경험 등).
⑩ 청중과 관계있는 실제 인물을 유머에 등장시켜라.

유머를 적재적소에 써먹는 경우가 재치에 해당된다. 유머를 일상생활에서 활용할 정도로 재치 있는 사람이 되어야 한다. 이런 사람은 자신에게 적대감을 가진 상대의 부정적인 질문이 있더라도, 그것을 가지고 긍정적으로 반응하여 상대의 반감을 우호적으로 만들 만한 힘이 있는 것이다.

일상적인 이야기는 좋은 소식이 먼저고 나쁜 소식이 나중에 오는 것이지만, 유머는 나쁜 소식이 먼저고 그것을 뒤집는 좋은 소식을 전하는 것이다. 즉, 불리한 상태에서도 유리한 점을 찾는 것이다. 유머는 선별하는 방법과 뉘앙스에 따라 효과가 다양하므로 목소리뿐만 아니라 몸짓, 사투리 억양 등도 고려해야 한다.

진정한 유머는 웃음을 통해서 다른 사람들에게 즐겁고 따뜻한 마음을 심어주는 기술이다. 따라서 유머를 사용하는 이는 늘 따뜻한 마음을 지녀야 원하는 효과를 볼 수 있다.

유머의 실전 기술 14

1. 인생은 농담과 비슷한 뇌의 구조를 가졌음을 인식하라.
2. 되받아치는 농담을 사용하라.
3. 과장된 표현을 활용하라.
4. 아이러니가 심할 때 폭소를 터뜨려라.
5. 고정관념적인 태도를 버려라.
6. 주변의 소품을 적극 활용하라.
7. 늘 미소를 지어라.
8. 어린아이의 솔직함을 배워라.
9. 난센스를 적절히 활용하라.
10. 사물에 새로운 의미를 부여하라.
11. 곤란한 일은 잊어라.
12. 자신의 약점을 스스로 인정하라.
13. 불리한 점에서 유리한 점을 찾아라.
14. 남보다 많이 웃어라.

유머는
아름답다

삶을 변명하지 않는 사람들은 말만 앞세우지 않고 말없이 행동으로 보인다. 또한 한 분야에서 오랫동안 자기 분야를 개척하는 사람은 열정과 유머를 지니고 있다.

유머란 익살·해학·기분·기질로 번역된다. 비슷한 말에 위트(기지)가 있는데, 똑같이 웃음을 인식하고 표현한다고 하지만 위트가 순수하게 지적(知的) 능력인 데 반해 유머는 그 웃음의 대상에의 동정을 수반하는 정적(情的)인 작용을 포함하고 있다. 따라서 그만큼 인간이 지닌 숙명적인 슬픔을 느끼게 하는 것에 커다란 특색이 있다.

위트가 있는 삶은 어디에서나 환영을 받고 이들의 말 한마디는 무거운 분위기를 부드럽게 하고 우울했던 기분을 가볍게 만들어주기도 한다. 현대 여성들은 배우자를 선택하는 조건에서 유머감각이 풍부한 사람들을 높이 평가한다고 한다.

위트는 상대방이 깨닫지 못하는 사이에 상대방을 설득시킬 수 있는 힘을 지니고 있다.

더러는 쉽게 화내고 논리적으로 명석하게 파고드는 상대일지라도 위트나 유머가 있다면 얼마든지 부드럽게 설득할 수 있다.

나치의 강제수용소에서 살아남은 사람들 말을 들어보면, 그 속에서 그들을 지탱해준 가장 큰 요인은 바로 유머감각이었다고 한다. 언제나 긍정적인 태도로 살면서 유머감각을 잃지 않는 것이 중요하다.

영국의 역사학자이자 작가인 폴 존슨은 '위대한 지도자의 다섯 가지 덕목' 중 하나로 유머를 꼽는다. 도덕적 용기, 판단력, 우선순위에 대한 감각, 힘의 배분과 함께 유머가 지도력의 핵심 요소라고 한다.

미국 소설가 마크 트웨인의 설명을 들으면 이에 대한 이해가 쉽다.

"유머의 원천은 기쁨이 아니라 슬픔이다. 천국에는 유머가 존재하지 않는다."

또 클린턴 전 미국 대통령은 재임 중 화이트워터 스캔들과 르윈스키와의 성추문 등으로 끊임없이 언론의 공격에 시달려야 했지만, 퇴임을 몇 개월 앞두고 백악관 출입기자단이 마련

칭찬과 유머가 있는 말하기

187

한 연례 만찬에서 "(재임) 8년 동안 여러분에게 족히 20년 분량의 기삿거리를 제공했다"고 눙치는가 하면, 자신이 직접 출연해 임기 말년의 백악관 생활을 코믹하게 연출한 비디오를 선보여 기자들로부터 웃음과 함께 후한 점수를 이끌어냈다. 클린턴의 탁월한 유머감각은 임기 중 계속된 스캔들에도 불구하고 그로 하여금 위기를 극복하고 인기를 유지하게 한 요인이었다.

무학 대사의 위트

조선시대 무학 대사의 재치 있는 입담은 현재까지도 전해져 내려오고 있다. 조선을 개국한 태조 이성계는 당대 고승인 무학 대사의 가르침을 받으면서 자신의 의지를 키워나갔다.

어느 날, 무학 대사와 장기를 두며 담소를 나누고 있었다.

"대사, 우리 서로를 헐뜯는 농담이나 합시다. 어떻소? 나는 대사가 꼭 돼지같이 보이는데 웬일이오?"

아무리 농담이지만 돼지 같다는 말을 들으면 기분 좋을 리가 없다. 그러나 무학 대사는 태조의 농담을 아주 가볍게 그리고 위트 있게 받아쳤다.

"저는 전하가 꼭 부처님같이 보입니다."

그러자 이성계는 의아해했다.

"아니, 대사! 내가 농담을 좀 하자는 것인데 어째서 아첨을 하는 거요?"

그러자 무학 대사는 천연덕스럽게 말했다.

"아닙니다. 저는 사실을 사실대로 말했을 뿐입니다. 자고로 돼지의 눈에는 돼지밖에 안 보이고, 부처의 눈에는 부처님밖에 안 보이는 법이지요?"

웃지 않을 수 없는 기발한 위트인데다 상대로 하여금 스스로 생각해보게 하는 의미 깊은 말이다.

유머의 달인 윈스턴 처칠

윈스턴 처칠은 유머의 달인으로 많은 에피소드를 남겼다. 하루는 그의 늦잠이 도마에 올랐다.

"영국은 아침에 늦게 일어나는 게으른 정치인을 필요로 하지 않습니다."

정적(政敵)은 점잖게, 그러나 차갑게 꼬집었다. 그냥 물러설 처칠이 아니었다.

"글쎄요, 당신도 나처럼 예쁜 부인과 함께 산다면 아침에 결코 일찍 일어나지 못할걸요."

재치 있는 반격에 정적은 본전도 찾지 못했다.

또 한 번은 목욕 후의 알몸을 프랭클린 루스벨트 미국 대통령에게 들켰다.

"영국 총리는 미국 대통령에게 전혀 감추는 게 없답니다."

당황스러운 상황을 역시 유머로 넘겼다.

제2차 세계대전 중 독일군의 폭격으로 영국 버킹엄 궁의 벽이 무너졌다. 그러자 영국 왕실은 이렇게 발표했다.

"국민 여러분, 안심하십시오. 독일의 폭격으로 그동안 왕실과 국민 사이를 가로막고 있던 벽이 사라져버렸습니다. 이제 여러분의 얼굴을 더 잘 볼 수 있게 돼 다행입니다."

의기소침했던 영국인들이 다시 힘을 얻은 것은 물론이다. 그리고 전쟁은 영국의 승리로 끝났다.

"여러분, 오늘 지각했다고 혼내는 상사가 있다면 바로 이 킹스크로스 역에서 내리게 합시다."

7·7 런던 테러 당시 가장 많은 사망자를 낸 킹스크로스 역을 빠져나오며 런던 시민 레이철이 던진 말이다.

유머 강사 김진배 씨는 유머감각을 기를 수 있는 6가지 습관을 강조한다.

첫째는 생각하는 방식을 바꿀 것이며,

둘째는 항상 메모하고 연구할 것,

셋째는 연상하는 습관을 가질 것,

넷째는 비교와 비유에 익숙해질 것,

다섯째는 꾸준히 실험하고 평가할 것,

여섯째는 예의와 자연스러움을 몸에 익힐 것 등이 그것이다.

웃음에 관한 명언

- 웃는 사람은 실제적으로 웃지 않는 사람보다 더 오래 산다.
  건강은 실제로 웃음의 양에 달렸다는 것을 아는 사람은 거의 없다
  (제임스 월쉬).
- 웃음은 전염된다. 웃음은 감염된다. 이 둘은 당신의 건강에 좋다(윌리
  엄 프라이-스탠포드 의대 교수).
- 당신이 웃고 있는 한 위궤양은 악화되지 않는다(패티우텐).
- 우리는 행복하기 때문에 웃는 것이 아니고 웃기 때문에 행복하다(윌
  리엄 제임스).
- 나는 웃음의 능력을 보아왔다. 웃음은 거의 참을 수 없는 슬픔을 참을
  수 있는 어떤 것으로, 더 나아가 희망적인 것으로 바꾸어줄 수 있다
  (밥 호프).
- 유머감각이 없는 사람은 스프링이 없는 마차와 같다.
  길 위의 모든 조약돌마다 삐걱거린다(헨리 와드 비쳐).
- 그대의 마음을 웃음과 기쁨으로 감싸라. 그러면 1천 해로움을 막아주
  고 생명을 연장시켜줄 것이다(윌리엄 셰익스피어).
- 웃음은 마음의 치료제일 뿐만 아니라 몸의 미용제이다.
  당신은 웃을 때 가장 아름답다(칼 조세프 쿠쉘).

웃어야 할
이유는 많다

웃음은 신이 인간에게 내린 축복이다. '웃음' 속에 현대인들에게 닥쳐온 온갖 질병과 스트레스, 끔찍한 재해를 이기는 힘이 있다는 것은 누구도 부인할 수 없는 사실이다.

미국에선 많이 웃는 사람들에게 심장병 발병이 적다는 연구 결과가 나왔다. 웃음은 스트레스와 분노, 긴장을 완화해 심장마비 같은 돌연사도 예방해준다고 한다. 웃음이 인체의 면역력을 높여 감기와 같은 감염질환은 물론 암과 성인병까지 예방해준다는 것이다. 그러니 우리들이 웃어야 할 이유는 너무도 많은 것이다.

우리가 웃어야 하는 이유 34가지

① 힘차게 웃으며 하루를 시작하라. 활기찬 하루가 펼쳐진다.

② 세수할 때 거울을 보고 미소를 지어라. 거울 속의 사람도 나에게 미소를 보낸다.

③ 밥을 그냥 먹지 마라. 웃으면서 먹고 나면 피가 되고 살이 된다.

④ 모르는 사람에게도 미소를 보여라. 마음이 열리고 기쁨이 넘친다.

⑤ 웃으며 출근하고 웃으며 퇴근하라. 그 안에 천국이 들어 있다.

⑥ 만나는 사람마다 웃으며 대하라. 인기인 1위가 된다.

⑦ 꽃을 그냥 보지 마라. 꽃처럼 웃으며 감상하라.

⑧ 남을 웃겨라. 내가 있는 곳이 웃음천국이 된다.

⑨ 결혼식에서 떠들지 말고 큰 소리로 웃어라. 그것이 축하의 표시이다.

⑩ 신랑신부는 식이 끝날 때까지 웃어라. 새로운 출발이 기쁨으로 충만해진다.

⑪ 집에 들어올 때 웃어라. 행복한 가정이 꽃피게 된다.

⑫ 사랑을 고백할 때 웃으면서 하라. 틀림없이 점수가 올라간다.

⑬ 화장실은 근심을 날려 보내는 곳이다. 웃으면 근심걱정 모두 날아간다.

⑭ 웃으면서 물건을 팔라. 하나 살 것 두 개를 사게 된다.

⑮ 물건을 살 때 웃으면서 사라. 서비스가 달라진다.

⑯ 돈을 빌릴 때 웃으면서 말하라. 웃는 얼굴에 침 뱉지 못한다.

⑰ 옛날에 웃었던 일을 회상하며 웃어라. 웃음의 양이 배로 늘어난다.

⑱ 실수했던 일을 떠올려라. 기쁨이 샘솟고 웃음이 절로 난다.

⑲ 웃기는 책을 그냥 읽지 마라. 웃으면서 읽어보라.

⑳ 도둑이 들어와도 두려워 말고 웃어라. 도둑이 놀라서 도망친다.

㉑ 웃기는 개그맨처럼 행동해보라. 어디서나 환영받는다.

㉒ 비디오는 웃기는 것을 선택하라. 웃음 전문가가 된다.

㉓ 화날 때 화내는 것은 누구나 한다. 화가 나도 웃으면 화가 복이 된다.

㉔ 우울할 때 웃어라. 우울증도 웃음 앞에서는 맥을 쓰지 못한다.

㉕ 힘들 때 웃어라. 모르던 힘이 저절로 생겨난다.

㉖ 웃는 사진을 걸어 놓고 수시로 바라보라. 웃음이 절로 난다.

㉗ 웃음 노트를 만들고 웃겼던 일 웃었던 일을 기록하라. 웃음도 학습이다.

㉘ 시간을 정해놓고 웃어라. 그리고 시간을 점점 늘려라.

㉙ 만나는 사람을 죽은 부모 살아온 것처럼 대하라. 기쁨과 감사함이 충만해진다.

㉚ 속상하게 하는 뉴스를 보지 마라. 그것은 웃음의 적이다.

㉛ 회의할 때 먼저 웃고 시작하라. 아이디어가 샘솟는다.

㉜ 오래 살려면 웃어라. 1분 웃으면 이틀을 더 산다.

㉝ 돈을 벌려면 웃어라. 5분 동안 웃으면 500만 원 상당의 엔돌핀이 몸에서 생산된다.

㉞ 죽을 때도 웃어라. 천국의 문은 저절로 열릴 것이다.

냉전을 녹인 노학자의 절묘한 설득 스킬

옛날 어느 마을에 두 형제가 나란히 이웃집에 살면서도 서로 냉전 중이었다. 이삼 년 전부터 만나도 못 본 척하고, 가족끼리도 철저하게 의사소통을 막았다. 싸움의 원인은 어느 쪽 집의 하인이 마당의 쓰레기를 줍지 않고 담벼락 너머 자기 집에다 던져 넣었다는 것이었다.

많은 사람들이 중재에 나섰으나 두 사람 사이는 나빠지기만 했고, 끝내는 아무도 관여하려 하지 않는 지경에 이르렀다.

"그 형제들은 성격이 안 맞으니 틀렸어요."

보다 못한 이 마을의 덕망 높은 노학자가 형제를 화해시키려고 나섰다. 이 노학자는 형제들에게 유학(儒學)을 가르친 적이 있었던 스승이었다.

금방 눈이 쏟아질 듯 뼈가 시리도록 추운 어느 날, 일부러 그런 날을 택해 스승은 두 형제를 자기 집에 초대했다. 좁은 방에 두 사람을 들게 하고 그는 급한 용무가 갑자기 생각난 듯, 이렇게 당부하고 밖으로 나가버렸다.

"정말 미안하지만 잠시만 기다려주게나. 급한 용무가 생겨

잠시 근처에 다녀오겠네. 조금 늦더라도 꼭 기다려야 하네."

형제는 서로 등을 맞대고 앉아 한마디도 하지 않았다. 그러는 사이에 점심때가 되었다. 하녀가 식사를 가져왔다. 두 사람은 하녀에게 잔심부름을 시키면서 잠자코 점심을 먹었다. 다시 심심하기 짝이 없는 시간이 흘렀다. 그때까지도 주인은 오지 않고 추위가 점차 몸에 퍼져갔다. 가끔 한숨을 쉬다가도 상대방을 의식하고는 당황한 듯 입을 다무는 두 사람이었다.

하녀가 저녁상을 들여왔다.

"주인장께서는 아직 안 오셨나?"

"네, 조금만 더 기다려주십시오! 곧 오실 겁니다."

낮에 말한 대답과 똑같았다. 교자상을 보니 술병이 놓여 있었다. 몹시 추웠던 터라 두 사람은 술병을 금방 비워버렸다. 취기가 돌자 추위도 약간 덜해진 듯했다.

"미안합니다. 땔감이 모자라 예의가 아닌 줄 아오나 두 분께서 함께 목욕탕에 들어가주시면 고맙겠습니다. 따끈하게 데워놓겠습니다."

어쨌든 춥고 주인이 언제 올지도 알 수 없는 일이라 두 사람은 서먹서먹한 마음으로 목욕탕에 들어갔다. 좁은 욕탕인지라 때로는 엉덩이가 맞닿아 황급히 몸을 움츠리곤 했다.

목욕을 하고 나서도 주인은 돌아오지 않은 채 꽤 밤이 깊어졌다. 밖에서는 눈이 하염없이 내리고, 목욕을 해서 더워진 몸도 다시 식어 소름이 돋으려고 할 때, 하녀가 조그만 손화로를 하나 갖다 놓았다.

손화로는 방 한가운데 달랑 놓여 있어 두 사람이 따로따로 불을 쬘 수가 없었다. 그러자 형이 먼저 참지 못하겠다는 듯이 손화로 가까이 다가가 앉았다. 밖에서는 눈보라가 윙윙 치고 있었다. 옛날 일을 생각하게 하는 분위기였다.

형제는 싫어도 얼굴을 맞대고 앉은 상황이 되었고 오랜만에 얼굴을 가까이 하자 묘하게 친밀감이 우러나 어느 쪽이 먼저인지 모르게 돌아가신 어머니의 얘기를 꺼내었다.

결국 웃음소리가 흘러나왔다.

"오래들 기다렸네. 방금 돌아오다가 두 분의 말씀을 들었지. 세상에 소문만큼 신용할 수 없는 것은 없구먼. 화가 나서 견딜 수가 있나? 그들에게도 이 좋은 장면을 보여주고 싶구먼."

방에 들어온 노학자의 말에 형제는 얼굴을 들지 못했다. 노학자의 이 말이 형제의 마음을 속속들이 꿰뚫어 다시금 두터운 형제애를 맺는 계기를 만들어주었던 것이다.

형제는 눈물을 흘리며, 감사의 뜻을 표하고 우산 하나를 같이 쓰고 눈 내리는 밤길을 돌아가 우애 있게 평생을 살았다고 한다.

많이 웃으면 장수한다_ 미국 뉴욕대학교 의과대학장인 로이진 박사는 최근 논문에서 많이 웃으면 8년을 더 장수할 수 있다고 밝혔다. 그리고 늘 감사하고 긍정적이면 6년을 더 회춘할 수 있다고 했다.

웃음의 천재인 찰리 채플린은 80세에 아이를 낳고, 성경에 나오는 90세의 아브라함과 89세의 사라는 그 나이에도 이삭을 낳았다. 이삭이라는 이름은 웃음이라는 뜻이다. 얼마나 기쁜 일이면 이름을 웃음이라고 지었을까?

웃음내시와 웃음소리 클리닉_ 우리나라의 임금들도 장수하기 위해 웃음내시를 두었고, 새의 깃털로 환자의 환부를 간지럼 태워 웃게 하여 치료하였다.

아무리 명의라 해도 의사가 고칠 수 있는 병은 20%에 지나지 않는다고 한다. 그래서 최근 대체의학이 인기를 얻고 있는데, 그중에 웃음치료가 새로운 치료법으로 각광을 받고 있다.

프랑스에서는 의사들이 웃음을 최고의 약으로 권한다고 한다. 1991년 영국 보건국에서는 웃음소리 클리닉을 허가하였다.

미국 하버드대학교에서는 '유머 치료' 심포지엄이 열렸고, 각 병원에서는 치료기법으로 웃음치료, 코미디 프로그램을 위성중계하고 있다

여자가 오래 산다_ 여자가 남자보다 평균 7.1년을 더 산다. 이유는 여러 가지가 있지만 심성과 관련이 있다. 여자가 남자보다 너 수용석이며 긍정적이며, 잘 웃는다. 즉 매사에 스펀지라고 할 수 있다. 모든 것을 잘 수용한다. 필자는 남녀노소 수많은 계층과 대상에게 강연을 다니는데, 30대 이상 여성이 강의 태도가 가장 좋고 반응도 가히 흠이 없을 정도로 최고다.

웃음에는 불가능이 없다_ 억지로 웃는 것도 90% 효과가 있다. UCLA대학교 통증치료소의 데이비드 브레슬로우 박사는 통증이 심한 환우들에게 1시간에 2회씩 거울을 보고 웃게 하였는데, 억지로 웃는 환우들까지도 치료효과를 크게 보았다고 한다.

웃음은 가능한 혼자 웃기보다는 여럿이 웃으면 33배 효과가 있다.

눈물이 나고, 배가 아프고, 얼굴이 빨개지고, 콧물까지 나온다면 참을 필요가 없다.

손뼉을 치며 발을 구르며, 양팔을 하늘 높이 벌려 큰 소리로 한번 웃어보라. 세상이 편해 보이며, 불가능이란 없어 보인다.

칭찬에
바치는 찬사

사람들이 자신의 말을 듣게 만들고 그들은 자신 곁으로 모이게 하는 방법 가운데 가장 권할 만한 것은 바로 칭찬하는 것이다. 칭찬은 다른 사람을 변화시키고 사람이 가지고 있는 능력을 유감없이 발휘하게 하는 힘이 있다. 칭찬은 아껴서는 안 된다. 칭찬은 아무리 해도 모자람이 없기 때문이다.

인간은 누구나 칭찬받기를 좋아한다. 어찌 보면 평생을 누군가로부터 칭찬받기 위해서 매달려왔다고 해도 과언이 아닐 것이다. 그때그때마다 칭찬해주는 상대가 다를 수는 있으나, 모든 일에서 결국에는 칭찬받고 싶은 욕망이 우리 안에 자리하고 있다.

억지로 하거나 부풀려서 말하는 속이 훤히 보이는 칭찬은 아부나 아첨에 가깝다. 그러니 서로에게 유익하지가 않다. 입에 발린 공허한 소리보다 마음이 담겨 있는 진실한 칭찬이 되어야 한다. 그러나 그게 말처럼 쉽게 되지 않는다. 사실 누군가를 원망하거나 미워하는 가짓수만큼이나 칭찬을 할 만한 경우도 많다. 그래서 상대에게 숨겨진 장점을 찾아내면 낼수록 칭찬할 기회는 더 많아진다.

칭찬을 잘하기 위해서는 먼저 기쁘게 칭찬할 수 있는 자신을 만드는 것이 급선무이다. 상대를 칭찬할 때, 사소한 것이라도 진심 어린 칭찬을 할 수 있도록 연습하고 또 연습하는 것이다.

우리나라 사람 가운데는 칭찬에 인색한 사람이 너무나 많다. 고마움이나 미안함도 제대로 표현 못하고 어물쩍 넘어가는 문화였기 때문이다. 상대가 편안하고 즐겁게 들을 수 있도록 칭찬하는 이의 마음이 전달되어야 한다. 이것은 바로 칭찬이 자신의 생활이 되도록 하는 것을 말한다. 칭찬이 생활이 된 이는 아주 조그마한 일로도 상대를 칭찬할 수 있으며, 상대방은 이를 우호적으로 받아들이게 된다. 칭찬은 받는 이에게 산소 같은 역할을 하며 날개를 달아주는 역할을 한다.

더 나아가 칭찬을 표현하는 방법도 개발해야 한다. 같은 일을 가지고도 다양하게 칭찬할 수 있어야 칭찬의 효과가 커지기 때문이다. 구체적으로 상대가 납득할 수 있도록 해야 한다.

직장에서 "고마워, 잘해주었네"라는 의미가 담긴 말을 해야 할 때, 20가지 정도의 표현이 가능하다.

① 자네가 우리 팀의 일원이라는 것을 자랑으로 생각하네.

② 정말, 이번 일은 잘해주었어. 축하하네.

③ 자네 덕분에 살았네. 고마워.

④ 계속 좋아지고 있어. 지금까지 아주 잘해왔네.

⑤ 자네가 계속 노력해온 점을 높이 사고 싶군.

⑥ 자네의 끈기에는 머리가 숙여지는군.

⑦ 자네의 태도가 늘 팀 분위기를 높여주는군.

⑧ 자네야말로 진정한 챔피언이야.

⑨ 음, 대단하군. 이것은 보통사람은 해낼 수 없는 일이야.

⑩ 고객도 자네의 서비스 정신을 높게 평가하고 있더군.

⑪ 우리는 자네를 아주 신뢰하고 있네.

⑫ 기본을 잘 파악하고 있군.

⑬ 자네 덕분에 우리 회사 이미지가 살아나는군.

⑭ 영업 실적은 단연 톱이군.

⑮ 자네는 이 팀에서 없어서는 안 될 존재야.

⑯ 자네 노력 덕분에 모든 것이 달라지고 있군.

⑰ 늘 플러스알파를 만드는 재주가 있군.

⑱ 고객을 늘 기쁘게 해주는군.

⑲ 자네는 팀의 비전을 현실로 이끌고 있군.

⑳ 자네의 좋은 실적이 팀의 좋은 모범이 되고 있어.

칭찬은 고래두 춤추게 한다고 믿한나. 그런데 우리는 텔레비전에서 '칭찬합시다'라는 프로그램을 할 정도로 칭찬에 인색한 나라에서 자랐다. 지금 싱글인 사람은 생각해봐야 할 것이다. 자신이 칭찬보다 비판하는 일을 더 잘하고 있는 것은 아닌가 하고 말이다. 이성에게도 아낌없이 칭찬할 수 있는 사람이 된다면 그의 싱글 생활은 올해를 넘기지 않으리라.

칭찬은 상호보완성이다

"아낌없이 칭찬하라. 그것이 호감을 사는 지름길"이라고 카네기는 말한다.

우리는 일반적으로 나를 칭찬해주는 사람에게 호의를 가지게 된다.

남에게 대접을 받고자 하는 대로 남을 대접하라는 기독교의 황금률의 법칙이 있다. 그러나 예외가 있다.

칭찬이 언제나 같은 효과를 나타내는 것은 아니다. 예를 들면 자기보다 지위가 높은 사람이 낮은 사람에게 칭찬을 하는 것은 효과가 크다. 반대로 자신보다 지위가 낮은 사람이 칭찬을 하면 효과가 덜하다. 또한 남에게 칭찬받고 싶은 욕구가 강한 자존감이 약한 사람은 칭찬이 효과적이며, 권위적인 사람

또한 칭찬에 약하다. 이런 사람의 호감을 사는 데는 칭찬이 필수적이다.

예를 들어 대학에서 가장 많이 교육을 받고 실천해보는 프로그램이 바로 칭찬 스킬이다.

처음에는 학생들이 시원시원하게 상대방에 대한 호감의 표현을 못한다. 왜냐하면 쑥스럽고 상대방을 잘 모른다는 생각에 마치 부풀려서 말하면 거짓말을 하는 것 같고 허풍쟁이라 수군거릴 것 같아서이다. 그러나 관계지향적인 스피치 스킬에서는 필수적으로 약간의 과장된 칭찬과 호감 표현도 괜찮다.

또한 유사성과 상호보완성은 대인관계에서 매력을 느끼게 하는 다른 요인이다.

사람은 자기와 의견이나 태도가 같은 사람을 좋아한다. 처음 만나 통성명을 하면서 고향이 같다거나, 알고 보니 같은 학교를 나왔다거나, 같은 정당에 소속되었다면 급속도로 가까워진다.

그렇다면 왜 인간은 나와 비슷한 사람을 좋아할까를 심리적으로 분석을 해본다면, 상대방은 '보상' 이라는 것을 나에게 채워줄 수 있기 때문이다. 우리는 누구나 자기가 옳다는 자기 정당성을 추구하며 살기 때문에 그것이 보상이 된다. 나와 의견이 같은 사람은 내 의견이 옳다는 타당성을 제공해 주는 근거가 되기 때문에 호감을 갖는 것이다.

그리고 상호보완성이 있다. 이것은 유사성과는 달리 나와 다른 새로운 생각이나 태도가 때로는 자극과 신기함을 주며, 인산경험의 다양함을 알게 해주는 묘미가 있기 때문이다. 그러나 이 두 가지를 종합해볼 때 인간은 서로 의견이나 태도가 다르더라도 자기에게 호의를 보인 사람을 의견이 같으면서도 호의를 보인 사람보다 더 좋아한다는 연구도 있다.

우리는 일상생활에서 나와 항상 의견이 같거나 다른 사람을 만나게 된다.

이 경우 원래 자기와는 의견이 달랐던 사람이 자기와 일치하는 방향으로 전향한다면 원래부터 같은 의견을 가진 사람보다 더 좋아하게 된다. 반대로 처음에는 의견이나 생각이 맞아 참 좋아했는데 시간이 다를수록 의견이나 친교가 처음 관계보다 못하면 호감이 극도로 떨어진다고 한다.

심리학에서는 이를 가리켜 '호감의 득실론'이라 한다.

다른 사람과 싸웠을 때와 달리 둘도 없이 절친했던 친구와 싸우면 대판 원수지간이 되는 것이나, 서로 열렬히 사랑했던 부부일수록 이혼할 때는 서로를 더욱 증오하게 되는 것은 호감의 득실론으로 잘 설명된다.

음식도 급하게 먹으면 체한다는 말이 있듯이 인간관계도 너무 조급하게 서둘러 상대방의 마음을 처음부터 잡으려고 잘 보이는 행위는 오히려 시간이 흘렀을 때 똑같은 행동을 유지하지

못하면 실망감을 안겨줄 수 있다

공자는 나이 육십이 되어서야 인간관계를 터득하는 '이순학' 의 경지를 깨우쳤다고 한다.

인간관계는 나만 잘한다고 해서 이루어지는 것은 절대 아니다. 다양한 사고방식을 가지고 있는 수많은 사람들의 모든 비위를 맞추는 것도 한계가 있다.

중요한 것은 이 모든 것을 종합해보았을 때 상대방에 대한 성실성과 정직함을 가졌다면 절대로 당신에게 실망하지는 않을 것이다.

효과적인 칭찬방법 8가지

1. 구체적으로 칭찬해라.
2. 간결하게 칭찬해라.
3. 남 앞이나 제3자에게 칭찬해라.
4. 사소한 것을 칭찬해라.
5. 당사자 주변의 인물을 칭찬해라.
6. 우연 그리고 의외의 상황에서 칭찬해라.
7. 상대에 따라 칭찬 내용이나 방법을 달리해라.
8. 결과뿐 아니라 과정과 노력에 대해서도 칭찬해라.

사람의 유형에 따른
칭찬방법

칭찬을 받아들이는 방법은 사람에 따라 다소 차이를 보인다. 많은 사람이 기분 좋게 받아들일 수 있는 칭찬이라도, 이를 거북하게 여기는 사람이 있을 수 있다. 더욱이 칭찬과 담을 쌓고 있는 습성을 지닌 사람의 경우는 칭찬을 주고받는 일 자체만으로도 힘들어한다.

쑥스러워서, 어떻게 칭찬할지 몰라서, 맘먹고 칭찬했는데 상대방이 시큰둥한 반응을 보여서 칭찬하는 것을 포기한 적이 있다면, 다시 한 번 칭찬을 시작해보자.

사고의 패턴과 외부 세계에 반응하는 방식에 따라 사람을 크게 네 가지 유형으로 나눌 수 있다.

칭찬하고 싶은 대상이 있다면, 그 사람이 어떤 유형에 속하는지 자세히 관찰한 다음 칭찬을 시도해보자.

■ **사람이나 사물을 지배하는 컨트롤러 형**

- 야심만만한 행동파로 자신이 생각한대로 일을 진행하는 것을 좋아한다.
- 과정보다는 결과를 중시하고, 위험을 두려워하지 않는다.
- 목표달성을 위해 매진한다.
- 진행속도가 빠르고, 자신의 속도에 상대를 맞추려 한다.
- 나약한 모습을 타인에게 내비치는 일이 거의 없다.
- 감정을 표현하는 것이 서툴다.
- 타인의 지시에 따르는 것을 무엇보다 싫어하고, 사람을 컨트롤 하려고 한다.
- 의리나 인정은 매우 두텁고, 다른 사람이 의지해 오면 거절하지 못한다.

좀 더 이해하기 쉽게 전형적인 컨트롤러 형을 묘사하면, 상대의 얘기가 조금이라도 길어지면 불만스러운 감정이 얼굴에 드러나며, 맞장구가 빨라지고 서두르는 경향을 보인다.

질문에도 쓸데없는 에너지 소비를 줄이기 위해 무척 짧게 대답한다. 자세한 설명을 요구해도 꼭 필요한 최소한의 얘기밖에 하지 않는다. 반면, 질문의 내용과 상관없더라도 자기가 얘기를 시작하면 성이 찰 때까지 달변을 늘어놓기도 한다.

인사치레를 하거나 애교 띤 웃음을 짓는 일은 거의 없으며, 다소 거리감이 느껴질 정도로 빈틈없는 표정을 싯고 있는 경우가 많다.

컨트롤러 형은 타인을 별로 믿지 않기 때문에 타인의 배신에 매우 민감하다. 때문에 말하기 껄끄러운 상황을 무릅쓰고 부정적인 상황을 지적해주면, '이렇게까지 나를 염려해주고 있구나' 생각하게 된다.

■ 사람이나 사물을 촉진하는 프로모터 형

· 자신의 독창적인 아이디어를 소중히 여긴다.

· 매우 활동적이며, 타인과 함께 어울려서 즐기는 것을 좋아한다.

· 맺고 끊는 것이 확실하고 능숙하다.

· 매사에 자발적이고 에너지가 넘치며, 호기심도 강한 편이다.

· 즐거운 인생을 꿈꾸고 지향하기 때문에 사람들이 대부분 그를 좋아한다.

· 새로운 일을 시작하는 것은 잘하지만, 중장기 계획을 세우거나 계획대로 진행하는 데는 서툴다.

· 타인과의 관계에서는 감정 표현이 풍부하고, 말할 때 몸짓이나 손짓 등의 동작이 큰 편이다.

전형적인 프로모터 형은 말을 잘한다. 이야기 전개가 매우 빨라 어떤 한 가지 일에 대해 얘기하고 있는가 하면, 어느새 다음 화제로 옮겨가 있기도 한다.

몸짓과 손짓이 크고, 의성어와 의태어를 자주 사용한다. 기분을 항상 솔직하게 표현하며, 표정이 풍부하다.

꼼짝 않고 있는 일이 거의 없고, 언제나 여러 사람에게 말을 걸거나 여기저기 돌아다닌다. 모임에서는 화제를 이끌어 나가는 중심에 있는 경우가 많다.

■ 전체를 지지하는 서포터 형

· 타인을 돕는 것을 좋아하고, 협력관계를 소중히 여긴다.

· 주위 사람의 기분에 민감하고, 배려를 잘한다.

· 일반적으로 사람을 좋아한다.

· 자기 자신의 감정을 억제하는 편이고 'NO' 라는 말을 가능한 한 피하는 경향이 있다.

· 자신이 내놓은 제안이나 요구에 소극적인 반면, 사람들로부터 인정받고 싶다는 욕구가 강한 것이 특징이다.

전형적인 서포터 형은 이른바 착한 사람으로, 상대가 하는 말에 빈번하게 맞장구를 치면서 귀를 기울인다.

질문을 던져도, 엉뚱한 답변을 한다거나 자기 방어를 위해 대답을 최소한으로 줄이지 않는다. 상대에게 의도한 답을 들려주려고 애쓴다.

얘기하기에 앞서 '전에 들은 적이 있을지도 모르지만' 이라는 서두를 붙이는 경우가 많고, 얘기한 다음 상대의 기대에 부합하는 대답을 했는지 확인하려는 경향이 있다. 함께 있으면 상대가 기분 좋게 시간을 보낼 수 있도록 무척 신경을 쓰기도 한다.

서포터 형에게 일을 주면 아무리 사소한 것이라도 '도와줘서 고맙다' '정말로 도움이 됐다' 고 빈번하게 메시지를 전하는 것이 좋다.

■ 분석이나 전략을 세우는 애널라이저 형

· 행동하기 전에 많은 정보를 모은 다음 분석하여 계획을 세운다.
· 일을 객관적으로 처리하는 능력이 뛰어나고, 매사에 성실한 모습을 보인다.
· 완벽주의자여서 실수를 싫어한다. 반면 변화에는 약하고 행동은 신중하다.
· 사람과의 관계도 신중하고, 감정을 겉으로 드러내는 일이 거의 없다.
· 조언자나 해설자와 같은 방관자가 되기 쉽다.

전형적인 애널라이저 형은 말할 때 신중하게 단어를 선택한다. 프로모터 형처럼 생각에 앞서 먼저 입을 여는 일이 없고, 생각을 잘 정리해 결론을 이끌어낸다. 게다가 질문을 받으면 그 자리에서 바로 대답하지 않기 때문에 다소 반응이 더딘 편이다. '글쎄요' '그런가요' 등처럼 시간을 벌기 위한 말을 많이 한다.

차분히 생각하는 경우가 많기 때문에 표정이 차가워 보이기도 하는데, 그래서인지 때로는 의식이 깨어 있는 사람으로 보이기도 한다.

애널라이저 형은 자신의 생각을 가능한 한 정확히 정리해서 얘기하고 싶어 하는 경향이 있으므로, 출력에 다소 시간이 걸린다. 이런 경우, 출력에 소요되는 시간을 상대방이 배려해주면 자신이 존중받고 있다고 느끼게 된다.

사람의 마음을 바꾸는 9가지 방법

1. 진심에서 우러나오는 칭찬과 감사의 말로 시작하라.
2. 잘못을 지적할 때는 간접적인 표현을 써라.
3. 상대방을 비난하기에 앞서 자신의 과오를 고백하라.
4. 명령을 하기 전에 질문을 하라.
5. 상대방의 체면을 살려주어라.
6. 사소한 일이라도 칭찬하라.
7. 상대방에게 큰 기대를 표명하라. 그리고 도와주어라.
8. 상대방의 능력에 대해 자신감을 갖도록 격려하라.
9. 당신의 희망에 자발적으로 협력하도록 하라.

칭찬을 잘하는
비결 6가지

상대방의 경계심을 누그러뜨린 다음 적절한 칭찬으로 말문을 열고자 한다면, 반드시 아래의 비결에 정통할 필요가 있다.

1) 성심성의껏 준비하고 상대에게 몰입해라

인간이라면 남녀노소를 불문하고 칭찬을 들으면 기뻐한다. 물론 상대가 다른 의도 때문에 자신을 치켜세우는 줄 알면서도 내심으로는 흐뭇해하는 경우가 적지 않다. 이것이 바로 칭찬에 약한 인간의 본성이다.

칭찬을 싫어하는 사람은 없으므로, 너무 과장되지만 않는다면 자신 있게 칭찬해라.

무엇보다도 중요한 것은 상대를 성심성의껏 대해야 한다는 점이다. 언어는 마음이 반영되는 거울이다. 상대에 대해 준비도 하지 않은 채 경솔한 몸짓과 말로 칭찬을 한다면 쉽게 반감을 불러일으키고, 오히려 경계의 벽이 두꺼워질 수 있다. 따라서 칭찬을 하려면 반드시 성심성의껏 상대방에 몰입하라. 칭찬의 미사여구보다는 준비과정에서 보이는 당신의 열의와 정성에 상대방이 감동하고, 오랫동안 잊지 못할 것이다. 그렇게 되면 그들은 당신의 부탁을 무정하게 거절할 수 없게 된다.

2) 초면일 경우, 성과나 소지품을 칭찬해라

처음 만난 사람과 만남을 지속적으로 유지하고 싶다면 어떤 유형의 칭찬이 효과적일까?

될 수 있으면 상대방의 인품이나 성격을 논하는 것을 피하라. 그들이 과거에 이룬 성과나 소지품 등 눈에 보이는 구체적인 사물을 들어 칭찬하는 것이 가장 바람직하고 안전하다.

만약 처음 만난 자리에서 '당신은 참으로 좋은 사람이네요'라는 따위의 칭찬을 한다면, 그들은 마음속으로 '오늘 처음 만났는데, 내가 좋은 사람인지 어떻게 알지?' 라고 생각하며 당신을 경계하고 의심할 수도 있다.

상대방이 여성이라면 옷차림이나 액세서리 등을 거론하며 돋보이는 센스를 칭찬하라. 그러면 상대방은 진실이 담긴 미소를 지으며 당신의 이야기에 귀 기울일 것이다.

3) 배후에서 칭찬해라

배후에서 칭찬하는 것이 그 사람을 직접 마주하고 칭찬하는 것보다 효과적이다.

칭찬의 고수들은 다른 사람의 입을 빌려 칭찬의 메시지를 전한다. 제3자의 입에서 뜻하지 않은 누군가가 당신의 능력에 무척 감탄하더라는 말을 들었을 때, 당신은 기쁘지 않겠는가? 기쁜 마음과 동시에 자신을 칭찬했던 그 사람에 대해 좋은 인상을 갖게 될 것이 분명하다.

당사자의 면전에서 칭찬하는 경우에는 가식적이거나 의도적인 행위로 비쳐질 수도 있으나, 간접적인 칭찬은 그 효과가 비록 느리게 나타날지라도 신뢰도와 영향력은 훨씬 강력하다.

독일의 한 재상은 자신에게 반발심을 갖고 있는 부하가 있을 경우, 계획적으로 타인 앞에서 그 부하를 아낌없이 칭찬했다. 그 후, 그는 열정을 다하는 충성스러운 부하를 또 하나 얻게 되었다고 한다.

4) 상대에 대한 새로운 정보를 입수해라

칭찬을 하는 데 있어서 남들이 듣지 못한 새로운 정보는 무엇보다도 큰 힘이 된다.

위대한 장군은 타인이 자신의 전략에 대해서 칭찬하는 것에 별다른 관심이 없다. 이미 자타가 공인하는 용맹과 전술을 다시 말하는 것은 사족을 붙이는 것이기 때문이다. 그러나 누군가가 최근에 기르기 시작한 수염에 대해서 한마디 건넨다면, 아무리 무뚝뚝한 장군일지라도 기쁜 미소를 보이며 말문을 열게 되지 않겠는가.

자신의 임무인 군사 지휘 외에도 또 다른 자신의 일부가 다른 사람에게 인정받는 순간, 그는 무한한 만족감을 느끼게 되기 때문이다.

5) 칭찬으로 질책해라

백화점의 의류 코너에서 생긴 일이다. 한 종업원의 서비스 태도가 형편없다는 고객들의 항의가 빗발치자, 매니저는 교묘한 언술로 문제를 해결해나갔다. 그는 질책보다 칭찬이라는 칼을 뽑아 든 것이다.

"고객님 한 분이 당신의 서비스를 받고, 참으로 상냥하고 친절했다며 감사하다는 말씀을 전했습니다. 앞으로도 계속 그런 모습을 보여주기 바랍니다. 당신의 예의 바른 태도는 보는 사람을 절로 기분 좋게 만들거든요."

뜻밖의 칭찬을 들은 그 종업원은 무척 흐뭇해했고, 매니저가 뽑은 칭찬의 칼은 머지않아 놀라운 효과를 발휘했다.

의류 코너에서 근무하는 종업원들의 서비스 태도가 점점 좋아졌을 뿐만 아니라, 얼굴에 늘 웃음을 띠며 밝게 고객들을 대한 덕분인지 판매 실적도 나날이 높아갔다.

사람들은 자신에게 아무리 도움이 되는 말이라도, '너는 이러 저러한 결점이 있는데 꼭 고쳐야 해'라는 말을 들으면 심리적으로 반발심을 갖게 마련이다. 자신도 이미 인정하는 부분이기 때문이다.

만약 당신이 상대방에게 지시를 내리는 상황이거나 행동에 영향력을 발휘하고 싶다면, 상대의 결점은 다음 기회로 넘겨두고 그의 장점에 대해서 칭찬하라. 사신을 알아주는 사람에게 상대는 대화의 채널을 열게 되며, 자신의 단점이 상대에게 피해를 줄 것이라고 자각하는 순간 스스로 단점을 고쳐나가려는 피드백을 보여줄 것이다.

6) 존경심을 표함으로써 칭찬해라

자존심이 강하고 무뚝뚝한 사람일수록 존경심을 강조하며 칭찬하라.

대기업에 근무하는 이 부장은 칼날처럼 서슬이 퍼렇고 업무 처리에 철두철미해서 부하 직원들도 늘 어려워하는 상사이다.

하루는 협력회사의 김 대리가 이 부장을 찾아왔다. 물론 김 대리는 이 부장의 성격에 대해 주변 사람들로부터 전해들은 바가 있었다. 그는 이 부장을 만나자, 업무 이야기보다는 우선 담배 한 대를 권하며 분위기를 부드럽게 풀어나갔다. 그러면서 다음과 같이 인사를 건넸다.

"이 부장님이 호인이라는 말씀은 주변에서 이미 듣고 있었습니다. 부하직원들을 각별히 챙기는 것은 물론이고 회사 외부 사람들까지도 철저하게 관리하신다는 말씀을 들은 적이 있는데, 역시 성공하는 사람은 뭔가 다르다는 것을 알게 됐습니다. 이 부장님과 같은 상사를 모실 수 있다면 참으로 행운이겠는데요."

서슬 퍼런 이 부장의 얼굴에 잔잔한 미소가 퍼지는가 싶더니, 김 대리에게 찾아온 용건을 물었다. 마침내 분위기가 부드럽게 풀리기 시작했으며, 그 결과 김 대리는 일을 순조롭게 진행시킬 수 있었다.

김 대리가 이 부장의 마음을 열 수 있었던 비결은, 적절한 칭찬으로 분위기를 풀었던 '대화 속의 첫인상' 때문이다.

냉철하고 무뚝뚝한 사람일수록 자신을 존경하는 상대를 고맙게 생각한다. 그는 상대방이 자신에 대해 갖고 있는 존경심에 실망감을 주지 않기 위해, 자신에게 없는 부분까지 만들어가며 상대를 배려하려 애쓴다.

어렵게 느껴지는 사람일수록 상대로부터 존경받고 있다는 느낌을 갖게 하라. 그 마음이 전해지면, 상대는 진실한 마음으로 당신을 도울 것이다.

話

5 성공을
위한
말하기

스피치 파워는
내용으로 승부한다

　스피치에 대한 커다란 오해는 말하는 기술, 즉 화술이 서툴기 때문에 잘하지 못한다고 굳게 믿고 있다는 점이다. 확실히 말해두고 싶은 것은, 스피치란 어떤 것에 대해 가치 있는 내용으로 이야기해야 한다는 점이다. 특히 많은 사람을 대상으로 한다는 점은, 특정한 사람이 일정한 시간 동안 계속 이야기하는 것이므로 유창한 언변 이상으로 내용면에서도 가치가 있어야 한다.

　효과적인 스피치는 청중의 적절한 응답을 통해 성립되므로, 자신의 스피치가 어떻게 받아들여지고 있는지를 늘 의식해야 한다. 즉 자신의 스피치를 듣고 있는 또 하나의 자신, 나아가 비판하는 자신을 가질 수 있는 여유가 필요하다. 그것은 누구에게 이야기해도 부끄럽지 않다는 내용에 대한 자신감에서 나온다.
내용이 빈약하면 다음과 같은 결과가 초래된다.

① 이야기의 맛이 흐려져 인상적인 스피치가 될 수 없다.
② 자신 있게 말할 수 없으므로 박력이 느껴지지 않는 빈약한 스피치가 되어버린다.
③ 여유를 가지고 그때그때 상황 변화에 대응할 수 없게 된다.

내용에 충실함으로써 이야기에 자신감을 가질 수 있고 이야기 자체에도 여유가 생긴다. 그러므로 스피치할 때,

① 말하고 있는 자신
② 듣고 있는 자신
③ 비판하고 있는 자신

이 삼위일체에 의한 조화가 요구되는 것이다.
그렇다면 내용을 충실하게 만들기 위해서는 어떤 점에 주의해야 하는가. 그 핵심은 다음과 같은 것들이다.

스피치의 준비절차

스피치는 물론, 논술을 포함한 모든 메시지(소설, 방송 프로그

램, 논문, 보고서)는 다음 순서로 개발되는 것이 바람직하다.

제1단계 지피지기(知彼知己)

연사 자신의 목적, 태도, 장단점, 그리고 청중의 태도, 지식, 감정상태 등을 분석한다. 스피치를 성공적으로 수행하기 위해서는 사전 준비가 적절하게 진행되어야 한다. 필요한 사항을 제대로 준비하지 못하거나 불필요한 사항만 잔뜩 준비해 가지고 연단에 서면 스피치는 실패로 끝날 수밖에 없다. 따라서, 스피치를 앞둔 연사가 가장 먼저 해야 할 일은 이 스피치를 '어떠한 방향으로 준비해야 할 것인가'를 결정하는 것이다.

스피치의 준비 방향을 제대로 설정하기 위해서 연사는 우선 자기 자신을 정확하게 이해해야 하며, 그런 다음에 상대방, 즉 청중의 속성을 정확하게 파악해야 한다. 바꾸어 말하면, 효과적인 스피치의 준비는 정확한 지피지기에서 출발한다는 것이다.

제2단계 핵심명제(주제문) 개발 : 주제와 목적을 정하고 핵심명제를 개발한다

연사 자신과 청중에 대한 분석이 끝나고 본격적인 스피치 내용을 준비하는 과정에서 먼저 해야 할 일은 그 스피치의 핵심명제(Purpose sentence)를 정하는 것이다. 핵심명제란 그 스피치에서 하고자 하는 말을 하나의 간결한 문장으로 표현한 것으로서 그 스피치를 총괄하는 아이디어인 셈이다.

스피치 준비과정을 제대로 이해하지 못하는 사람들은 먼저 여러 가지 아이디어를 개발해놓은 다음 나중에 이들을 통합하여 핵심명제를 만들어야 되는 것으로 생각한다. 아니면 핵심명제는 연사가 제시하는 여러 아이디어를 들은 다음 청중이 헤아려야 하는 것이라 생각하는 경향이 있다. 이것은 매우 잘못된 생각이다.

첫째, 핵심명제가 제시되지 않은 상태에서 여러 가지 아이디어가 난삽하게 제시되면 청중은 혼란에 빠져 핵심명제를 찾아내기는커녕 연사의 말 자체를 이해하기가 어려워진다. 핵심명제, 즉 연사가 하고자 하는 말의 골자가 스피치 서두에서 미리 제시되어야만 그 다음에 제시되는 여러 가지 아이디어가 갖는 의미를 쉽게 파악할 수 있다.

둘째, 아이디어를 다 개발해놓은 다음 이들을 정리하여 핵심명제를 추출하는 것은 매우 어려운 작업일 뿐 아니라 지극히 비효율적인 접근법이다. 아이디어가 일관성 있게 개발되었다면 정리과정에서 버릴 것도 없고 이들을 통합하는 것도 비교적 용이할 것이다.

그러나 핵심명제가 정해지지 않은 상태에서 '무슨 얘기를 하지?' 하는 막연한 생각만 가지고 아이디어를 개발하다 보면 개발된 아이디어들 사이에 일관성이 유지되기 힘들다. 서로 연결이 잘 되지 않는 아이디어들을 통합하여 한마디로 요약한다는 것은 불가능하기 때문에 결국 많은 아이디어들을 버려야 하며, 이 공백을 메우기 위해 다시 새로운 아이디어를 개발해야 한다. 그러다 보면 결국 준비를 새로 시작하는 셈이 된다.

핵심명제는 연사로 하여금 어떠한 방향으로 아이디어를 개발하고 자료를 준비해야 할지를 알려주며, 청중으로 하여금 어떠한 방향으로 스피치가 전개될 것인지를 예측케 하여 그들의 이해를 돕는 기능을 한다. 따라서 스피치 준비는 핵심명제를 개발하는 것에서 출발해야 하며 스피치의 본격적 진행은 핵심명제를 제시하는 것에서 출발해야 한다.

제3단계 주요 아이디어 개발 : 핵심명제를 뒷받침할 주요 아이디어를 개발한다

스피치의 주제와 목적이 결정되고 이에 기초하여 핵심명제가 개발되면 스피치의 뼈대를 구성할 주요 아이디어를 개발해야 한다. 예를 들어, 어떤 회사의 연구개발팀이 X라는 신상품을 개발하여 이를 중역진 앞에서 발표하는 경우를 생각해보자. 주제는 '제품 X의 특성과 판매전망'으로 표현될 수 있고 개괄적 목적은 이를 채택하도록 '설득'하는 것이라 할 수 있다.

이때 세부 목적은 '중역진들에게 제품 X의 우수성과 밝은 판매전망을 인식시키기 위해'로 정할 수 있고, 핵심명제는 '제품 X는 기능이 탁월하기 때문에 밝은 판매전망을 가지고 있다'라

할 수 있다. 이처럼 세부 목적과 핵심명제가 정해지면, 이들을 구성하는 요점들—즉 '탁월한 기능'과 '밝은 판매전망'—을 어떠한 식으로 설명해야 할지를 결정해야 한다. 이를테면, '기능이 탁월함'을 보여주기 위해서는 '이전 제품이 가졌던 문제점' '제품 X의 새로운 기능' '제품 X의 기능이 이전 제품의 문제점을 해결하는 방식' 그리고 '제품 X가 가지는 새로운 문제점의 부재' 등을 논의해야 한다. 이처럼 핵심명제의 요점을 보다 자세하게 설명하기 위해서 반드시 다루어야 할 주요 소재들을 찾아내는 과정을 주요 아이디어의 발견 또는 개발이라고 한다.

제4단계 세부 내용 개발 : 주요 아이디어 각각에 대한 세부 내용을 개발한다

스피치의 주요 아이디어가 정해지면 이 주요 아이디어를 보다 자세히 풀어나갈 세부 내용을 개발해야 한다. 세부 내용을 개발하는 방법은 주요 아이디어의 성격에 따라 달라진다. 주요 아이디어가 연사의 주장을 내세우는 것이라면 세부 내용은 이 주장에 대한 입증(Support)이어야 하며, 주요 아이디어가 어떤 물건이나 개념, 또는 사건이나 과정의 속성이나 특징을 서술하는 것이라면 세부 내용은 이를 보다 자세히 설명하는 것이어야 한다.

그러므로 세부 내용을 개발할 때는 주요 아이디어가 설득적 성격을 띤 주장이냐 아니면 단순히 정보전달의 성격만을 띤 서술이냐를 판단한 후에, 전자라면 이 주장을 입증하는 내용을 개발해야 하며, 후자라면 그 아이디어를 보다 자세히 설명하는 내용을 개발해야 한다.

제5단계 정리 및 조직 : 개발된 내용을 정리하고 조직한다

스피치의 조직은 여러 차원에 걸쳐서 이루어지기 때문에 한꺼번에 모든 것을 조직하는 것보다는 단계적으로 체계를 잡아나가는 것이 좋다. 스피치를 조직할 때 제일 먼저 해야 할 일은 주요 아이디어들 사이의 체계를 잡아주는 일이다. 주요 아이디어란 그 스피치에서 언급하고자 하는 중요한 포인트, 즉 요점들로서 스피치 본체의 뼈대를 이루게 된다.

따라서 이들 사이의 조직이 먼저 결정되어야 스피치의 기본틀이 잡히는 것이다. 주요 아이디어의 조직이 끝나면, 주요 아이디어 각각에 대한 세부 내용들 사이의 체계를 결정해야 한다. 세부 내용이란 주요 아이디어를 뒷받침하는 입증자료나 주요 아이디어에 대한 구체적인 설명들을 가리킨다.

하나의 주요 아이디어는 여러 가지 세부 내용들을 갖게 되므로 이들이 잘 조직되어야 의미가 명확해진다. 주요 아이디어와 세부 내용의 체계가 결정되면, 스피치 주요부의 조직을 완성해야 한다.

스피치 주요부란 스피치를 시작하는 말과 끝맺는 말을 뺀 나

머지 부분을 이야기한다. 스피치 주요부에는 주요 아이디어와 세부 내용 이외에도 핵심명제가 들어가야 하며, 이 요소들 사이의 관계를 명확하게 해주고 연결을 부드럽게 해주는 예고(Preview), 중간요약(Internal summaries), 문간이동(Transitions) 등이 삽입되어야 한다. 이 세 단계에 걸친 작업이 끝나면 스피치의 조직은 일단 완성되는 셈이다. 물론 실제 스피치에서는 여기에 서두(스피치를 시작하는 말)와 결론이 첨가되겠지만, 이들은 조직이 완성된 다음에 확정될 것이기 때문에 이 조직에 포함할 수가 없다.

제6단계 서론과 결론 개발 : 서론과 결론을 개발한다

흔히 스피치를 준비할 때는 서두부터 준비하고 나서, 본론에 해당하는 핵심명제와 주요 아이디어 그리고 세부 내용 등을 마련하고, 마지막으로 결론을 준비하는 것으로 생각한다. 그러나 일반인들의 생각과는 달리 서두와 결론은 스피치의 조직이 완성된 다음 결정하는 것이 훨씬 더 효과적이다. 결론이 나중에 준비되는 것이야 당연하게 느껴지겠지만 서두조차도 조직이 완성된 후 개발되어야 한다는 말에 문제를 느끼는 사람도 있을 것이다.

스피치에서 서두가 나중에 개발되어야 할 필연적인 이유가 있다. 그것은 서두가 먼저 결정되면 스피치의 준비가 모두 이 서두를 염두에 두고 이루어지기 때문에 정작 스피치 준비를 리더해야 할 스피치의 세부 목적이 외면당할 가능성이 높다는 점이다. 스피치가 목적을 중심으로 일관성 있게 준비되려면 서두가 아닌 세부 목적과 핵심명제가 스피치 준비를 주도해야 한다. 따라서 본론의 조직이 끝날 때까지는 서두를 결정하지 않는 것이 좋다.

제7단계 개요서 작성 : 개요서를 작성한다

스피치 중에서 가장 자연스럽고 청중과의 커뮤니케이션을 가장 원활하게 할 수 있는 방법은 개요서에 의한 스피치(Extemporaneous speech)이다. 이것은 스피치를 준비하는 과정에서나 그것을 실행하는 과정 모두에서 완성된 대본을 사용하지 않고 개요서만을 작성한 후 이에 기초하여 스피치를 연습하고 실행하는 방법이다. 개요서(Outline)란 스피치의 개요, 즉 주요 아이디어와 세부 내용의 골자만을 간결하게 적어둔 미완성 스피치 대본을 가리킨다.

개요서만을 가지고 연습을 하면 자신의 아이디어를 다양하게 표현해볼 수 있다. 개요서에는 골자만 나오기 때문에 연습할 때마다 표현이 달라질 수밖에 없고 연습을 거듭하다 보면 하나의 골자를 여러 가지로 표현해보게 된다. 이런 상태에서 실제 스피치를 하면 연습해둔 표현방식 중 하나가 생각나거나 또 다른 유사한 표현이 쉽게 떠올라 정확한 표현을 기억하려고 노력할 필요가 없다.

개요서는 완성된 내본이 아니기 때문에 이에 기초한 스피치는 완성된 대본에 기초한 스피치보다 적응력이 뛰어날 수밖에 없다. 연사는 스피치를 진행하면서 청중의 반응이나 상황의 변화에 따라 적절하게 대응할 수 있어야 한다.

완성된 대본을 외거나 읽는 경우에는 이러한 것이 불가능하지만 개요서에 의거해서 스피치를 하는 경우에는 얼마든지 가능하다. 중간 중간 개요서를 참고하면서 그저 청중과 대화하는 기분으로 살을 덧붙여나가면 되는 스피치 방식이기 때문이다.

개요서에는 준비 개요서와 실행 개요서가 있다. 준비 개요서는 스피치를 준비하는 과정에서 작성하는 개요서로 이것이 완성되면 스피치 준비는 일단 종결되는 셈이다. 준비 개요서에 부연 반복이나 자세한 설명만 첨가하면 스피치 대본이 되기 때문에 대본을 작성할 필요가 있는 사람도 일단 준비 개요서를 만들어두는 것이 좋다.

대본을 쓰기 전에 준비 개요서를 작성해두면 전체적 조직이나 주요 아이디어들 사이의 관계 그리고 주요 아이디어와 그 세부 내용들 사이의 관계를 점검하기가 용이해진다.

실행 개요서는 준비 개요서의 요약본으로 스피치를 실행할 때 참고로 하기 위해 작성한다. 일반적으로 준비 개요서는 양이 많기 때문에 실제 스피치를 하면서 참고하기에는 부적절하다. 또한 실제 스피치를 할 때는 준비 개요서에 없는 '연사 스스로에게 보내는 메시지' 이를테면 '정면을 향하고 미소를 지어라' '잠깐 쉬어라' 등의 메시지가 적혀 있는 개요서가 있으면 더욱 효과적인 스피치를 할 수 있다.

따라서 치밀한 연사들은 준비 개요서를 대폭 축소하고 스스로에게 보내는 메시지를 첨가한 실행 개요서를 만들어 이에 기초하여 스피치를 실행한다.

제8단계 자자구구 표현 : 자자구구 표현해가면서 스피치를 준비한다

개요서의 작성이 끝나면 이제 그 내용에 살을 붙이는 작업이 이루어져야 한다. 이 작업은 어떤 종류의 스피치를 하느냐에 따라 그 성격이 달라지는데, 대본을 낭독하거나 암기하여 발표하는 경우에는 모든 것을 기록하여 대본 또는 연설문을 작성해야 하며, 개요서에 의한 스피치를 하는 경우에는 계속 표현 방법을 달리해가면서 발표하는 연습을 해야 한다. 어떠한 방법을 택하든, 자신이 하고자 하는 말을 효과적으로 표현하는 기법을 터득하는 것은 중요하다.

이렇게 말해야 주목을 받는다

1. 첫마디에 주목을 끈다. 첫마디는 스피치의 절반 이상을 좌우한다.
2. 적절한 사례를 집어넣음으로써 구체적인 이미지가 떠오르게 한다.
3. 타이밍을 보아 적절하게 조크를 띄운다.
4. 핵심사항을 강조한다.
5. 제스처를 사용한다.
6. 듣는 사람의 반응에 솔직하게 대응하면서 이야기를 진행시킨다.
7. 밝고 선명한 목소리로 말한다. 내용이 아무리 좋아도 작은 소리로 말하면 듣는 사람이 피로를 느낀다.
8. 요점을 잘 정리하고 핵심을 반복하며, 인상에 남는 감상을 삽입하는 등 끝맺음에 대해서 연구한다.

성공을
전해주는 말

  우리는 주변에서 성공한 사람들을 많이 본다. 이들은 자기의 분야에서 일류가 되거나 남부럽지 않게 생활을 가꾸면서 만족을 느끼며 살아가는 사람들이다. 그러나 이런 분들을 직접 사석에서 만나본 경우는 드물 것이다.

  직접 대면한 경우보다는 대중매체와 언론매체를 통해서 이차적 정보를 얻는 경우가 많다. 그럼에도 우리가 그러한 사람들에 대해서 잘 알고 있다고 생각하는 것은 왜일까? 그것은 우리가 성공한 사람들의 성공을 그분들의 표현을 통해서 접할 수 있기 때문이다.

  '인간극장'이나 '성공신화'처럼 극으로 꾸며져 있어도, 그 바탕은 다큐멘터리이고 그분들의 육성이 들려오기 때문이다.

또한 그들이 직접 방송에 나와서 자신의 성공한 삶에 대해 말해주기 때문이다. 무엇 때문에 성공했으며 성공하기 위해서 어떻게 일했다는 그들의 직접적인 설명이 없었다면 우리는 그 성공에 반신반의했거나, 그 성공경험을 과소평가했을 것이다.

사실 우리가 그분들의 성공을 실감하고 그분들의 성공을 닮아가고자 하는 이유는 어디에 있는가? 정확하게 말하자면, 우리는 성공 그 자체를 모방하려고 하지 않는다. 우리는 성공한 이들의 경험이 우리에게 성공적으로 전달되었을 때 감동하고 연관을 맺게 되는 것이다.

실제로 성공한 사람들의 여러 가지 유형이 있지만, 유독 그 사람의 경험을 내 것으로 삼고자 하는 이유는 무엇일까? 바로 그 성공한 사례를 설명하고 나에게 납득시키는 그 말의 힘이 있기 때문이다. 또한 우리가 성공하고 싶어 하는 이유는 단지 성공 그 자체를 가지고 판단하기보다 성공한 사람의 모습을 다른 이에게 보여주고 말해주고 싶어 하는 내부적 욕망에 기인한다는 것이 심리학적 정설이다. 왜냐면 인간은 사회적 동물이며 성공이란 것도 절대적이기보다 관계적 측면에서 그 정도 여부를 측정하기 때문이다.

사업성공이나 땅값의 폭등으로 억만장자가 되거나 엄청난 수의 직원을 거느린 CEO가 되어도, 주변에서 그를 좋아하던 가족들, 친구들이 다 떠난 사람이라면 우리는 그를 성공했다고 말하지 않을 것이다. 그런 점에서 우리의 모든 판단은 관계적이며, 성공도 관계적 측면을 무시하지 못한다. 그런데 이러한 관계적 측면을 더욱 높이는 매개체는 무엇인가? 그것이 바로 인간에게 있어 가장 기본적인 대화에 있으며 의사소통 능력에 비례한다는 것이다.

이제 다시 말해보자. 우리는 사실 그 사람이 성공한 사실 그 자체보다는 성공담을 잘 알리고 전달하는 의사소통 능력에 따라 좌우된다. 그 성공을 모방하려고 하거나, 비슷한 경험을 취하고자 한다. 그래서 어떤 측면에서 보면 우리가 소망하는 것은 성공한 사람의 탁월한 의사소통 능력일 수도 있다. 왜냐면 실제적으로 성공한 사람들의 사례들을 통해서 보면 그들이 성공한 밑바탕에는 화술이 자리하고 있기 때문이다.

성공한 사람들은 자신의 경험을 잘 설명하고, 그 설명을 통해서 상대에게 유익을 주고자 하는 대화의 원리를 알고 있다. 또한 자기 자신을 납득시키고 성공보다는 실패를 우려하는 마음을 불식시키고 긍정적인 마음 자세를 유지시키는 독백 대화술이 있기 때문에, 그들은 성공할 수 있는 것이다. 즉 성공한 사람들의 공통점은, 대개 커뮤니케이션에서 먼저 성공하여 오늘날의 위치에 올랐다는 것이다.

대화시 삼가해야 할 사항들

● 상대방의 이야기도 끝나기 전에 자기 이야기를 하는 것은 삼간다.

● 처음 만난 사람에게 직장, 직위, 결혼여부, 나이를 묻는 행위는 하지 않는다.

● 필요치 않은 출신 학교나 학력 그리고 자기나 가족을 자랑하는 행위는 하지 않는다.

● 개인의 비밀이나 약점을 잘 아는 체하거나 상대를 비꼬는 행위는 하지 않는다.

● 상사에게 자기를 지칭할 경우 '저' 또는 성과 직위나 직명을 사용한다.

좋은 스피치

좋은 스피치란 잘 말하기를 뜻한다. 누구나 스피치를 배우는 사람은 잘 말하는 것을 목표로 한다. 임태섭은 좋은 스피치의 조건으로 "내용이 진실하고 적절해야 하며, 전달은 명쾌하고 간결한 방식이라야 청중의 마음을 움직일 수 있다"고 말한다. 여기서 나타난 요소들을 정리하면 아래와 같다.

① 진실성 : 잘 말하기를 원하는 화자는 흔히 그것을 달변으로 오해하기 쉽다. 물론 달변이라는 것은 구김 없이 자기의 의사를 제대로 표현하는 것이기에 화자들이 달변을 원하는 것도 무리는 아니다. 그러나 달변이 과연 효과적인 스피치인가에 대해서는 좀 의문이 있다. 특히 우리나라 사람들은 너무 말 잘하는

사람을 신뢰하지 못한다. 말이 많으면 실수가 많다고 생각하여 언행일치나 과묵함을 좋아하던 우리 문화는 달변을 하는 사람을 좋은 화자로 보지 않는다. 그래서 어떤 의미에서는 눌변이 오히려 그 사람의 순수함과 진실함을 나타내주는 것이라고도 볼 수 있다.

② 명쾌성 : 좋은 화자의 말은 그 말한 의도가 무엇인지 그냥 그대로 드러나게 된다. 이러한 명쾌한 스피치를 위해서는 주장이나 결론, 논리와 조직, 표현방식 모두가 명쾌해야 한다. 주장이나 결론이 명쾌할 때에 청중은 화자를 이해하고, 그 의견에 공감하게 되는 것이다.

③ 간결성 : 복잡한 내용과 늘어지는 스피치는 청자를 어리둥절하게 만들어버리므로 스피치는 되도록 간결한 것이 좋다. 간결한 스피치를 하기 위해서 화자는 자신이 말하고자 하는 핵심이 어긋나지 않도록 주의해야 한다. 그러기 위해서 서론과 결론도 짧게 해야 하는데, 서론이 길어지면 본론에서 청자의 집중도가 떨어지며, 결론이 길어지면 본론의 내용이 희미해지고 지루해하기 때문이다. 따라서 서론은 청자의 주의를 집중시키는 선에서, 결론은 지금까지의 주장을 갈무리하는 입장에서 하는 것이 바람직하다.

④ 적절성 : 좋은 스피치는 진실하고 명쾌하고 간결하게 이루어진 자연스러움에 있다. 그러나 이것이 더욱 효과를 가지기

위해서는 시기와 장소가 잘 연결되어야 한다. 이것을 적절성이라고 한다.

■ 목소리의 변화

잘 말하기 위해서는 목소리도 좋아야 한다. 타고날 때부터 미성인 사람은 거의 없다. 성우라고 해도 모두 예쁜 목소리를 가지고 있는 것은 아니다. 혹자는 성악가 조수미를 신이 내린 목소리라고 절평한 적이 있지만, 인간은 누구나 신이 내린 목소리를 가지고 태어난다. 문제는 더 좋은 목소리를 만들기 위해서 노력하는 것이다. 좋은 화자가 되기 위해서도 노력이 필요하다.

대체로 사람들의 목소리는 비슷하다. 그래서 스피치에서는 소리의 미성에 대한 문제보다도 일반적 목소리를 가지고 스피치를 잘할 수 있도록 목소리의 속도, 크기, 높이, 길이, 그리고 쉼과 힘주는 것 같은 변화에 관심을 보이고 있다. 따라서 화자는 천성적인 목소리를 미성으로 바꾸는 수술이 아니라 자신의 목소리를 가지고 효과적으로 청자에게 전달하는 것에 대한 이해가 필요하다.

■ 좋은 목소리

스피치는 소리를 통한 커뮤니케이션이기에 화자는 좋은 목소리를 가져야 한다. 하지만 세상에서 유명한 연설을 한 사람들을 살펴보면 미성인 사람은 느물나. 스피치를 잘한다는 것을 청자에게 영향력을 크게 미친다는 것으로 보면, 청자에게 신뢰를 주고 화자가 말한 것에 공감을 하도록 만드는 목소리야말로 스피치에서 말하는 좋은 목소리라고 할 수 있다. 이러한 좋은 목소리는 다음과 같은 특징을 갖는다.

① 확신에 찬 목소리 : 확신에 찬 목소리는 말 한마디 한마디에 힘을 실음으로써 스스로가 하는 말을 진정으로 믿고 있다는 느낌을 준다. 말에 힘이 있다는 것은 큰 소리를 내는 것과 다르다. 작은 목소리에도 힘이 실리면 크게 말하면서 힘이 없는 목소리보다 몇 배나 효과를 낸다. 확신에 차 있지 않으면 청자가 화자의 스피치가 만들어놓은 세계에 올 수가 없다. 화자의 확신은 청자에게 흡인력을 갖게 하는 것이므로 매우 중요하다.

② 굳건한 목소리 : 청자는 자신감에 차 있고 상황을 잘 파악했다고 여겨지는 화자를 존중한다. 그래서 화자는 청자에게 자신감이 있다는 것을 나타내기 위해서 굳건한 목소리를 사용해야 한다. 굳건한 목소리란 신뢰감을 주는 차분하고 힘있는 목소리이다. 화자의 목소리가 가늘어지거나 찢어지고 얕은 소리가 나면 청자는 곧바로 화자의 페이스에서 벗어나버린다. 통상적으로 몸을 바로 세우고 아랫배에 힘을 주고 소리를 내는 발성법

을 꾸준하게 연습하면 굳건한 목소리를 낼 수 있다.

③ 발음이 분명한 목소리 : 스피치를 할 때에는 친근한 사람들과 함께 모여 대화할 때보다 한 문장이 끝날 때까지 신중하게 발음해야 한다. 발음이 부정확하면 청자의 신뢰감이 무너지고 화자의 진실성이 의심받는다. 우리가 흔히 또박또박 읽으라고 어린이에게 주문하듯이, 화자도 자신이 말하고자 하는 바를 분명히 이해하고 분명히 발음해야 한다. 물론 그러기 위해서는 우리말에 대한 이해도 꼭 필요하다.

성공하는 스피치,
실패하는 스피치

항상 호흡하며 살고 있는 공기의 고마움을 우리가 평소에는 느끼지 못하듯이, 눈을 뜨는 순간부터 사용하는 말(言語)도 우리는 너무나 당연한 것으로 생각하고 크게 관심을 두지 않는다. '잘 잤니?' '기분 좋다' 또는 '몸이 찌뿌드드하다' 등의 인사말로 시작하는 하루아침 상황을 생각해보자.

혼자 있는 경우에도 자신과의 대화가 이렇게 시작될 경우가 있을 테지만, 한 가정에서도 두 사람 이상이 만나면 거의 '반드시' 라고 할 정도로 대화가 이루어진다. 갓난아기는 울음으로 기저귀를 갈아달라고 하든가 먹을 것을 달라고 신호(信號)하며, 두 살박이 어린이는 '까까…' 소리를 외치면서 간식을 요구한다. 다섯 살박이 어린이는 짧은 얘깃거리를 만들어 부모나 할머니,

할아버지의 귀여움을 받는다. 학교에 다닐 때쯤이면 상당히 많은 시간을 이러한 대화에 소비하게 된다. 그러면 도대체 인간은 하루 중에 얼마나 자주 대화를 하며 살까? 통계에 따르면, 동서양 불문하고, 성인 한 사람이 날마다 대화에 들이는 시간은 눈 뜨고 있는 시간의 30퍼센트 정도라고 한다.

이러한 대화가 연설과 많은 공통점이 있다는 점에 유의하는 사람도 흔치는 않은 듯하다. 길을 묻는 사람에게 길을 가르쳐주면서도 체계적으로, 순서를 밟아, 차근차근 얘기해주려면 생각을 논리적으로 정리해야 하며, 상대가 어린이라면 어린이에 맞는 말로, 대학생이면 그에 맞게 대답해준다.

그러면서 최대의 효과를 내기 위해 목소리를 가다듬고 눈에 띄는 특징도 말해주며, 친절한 사람이라면 상대방의 반응까지를 살핀다. 다시 말해서, 생각을 논리적으로 정리하고, 상대방 수준에 맞는 말을 선택하고, 최대의 효과를 내도록 말하고, 상대방의 반응에 따라 반복하거나 다른 방법을 찾는 일 등은 일상의 대화에서나 연설에서나 비슷하게 사용되는 기술이라는 것이다.

그러나 많은 청중 앞에서 연설을 할 때에는 분명히 차이를 느낀다. 그것은 대중 연설이 제한된 시간 내에 일방적으로 말을 하되, 화자(speaker)도 그만큼 말할 내용을 미리 준비하고, 더욱 체계적으로 말하는 목적을 정리해야 하기 때문이다.

뿐만 아니라 연설의 경우에는 일상 대화에서 사용 가능한 속어나 상스러운 표현을 피하고 격식을 차린 말을 써야 하기 때문이다. 또한 말하는 방식이나 태도에 있어서도 청중이 알아듣도록 목소리를 조절하고, 분명하게, 몸을 곧게 하고 '어, 음' 소리를 자주 내거나 기타 습관적인 행동을 해서는 안 된다. 이런 점들을 고려할 때, 연설을 준비하는 화자는 심리적으로 조바심을 느끼는 경우도 있다.

따라서 여기서는 성공적인 대중 연설을 준비하는 사람이 알아두어야 할 내용들을 소개하겠다.

1) 반드시 성공하는 스피치

■ 내용을 완전히 숙지해야 한다

스피커는 스피치해야 할 내용에 대하여 자기가 가장 많이 알고 있다는 자신감과 실제로 그 정도의 지식을 가지고 있어야 한다. 스피치를 하기 전에는 다 알고 있는 것 같아도 막상 스피치를 하게 되면 당황하면서 모든 것을 잃어버리는 경우도 많다. 따라서 스피커는 모든 내용을 완전히 소화할 뿐만 아니라 숙지를 해야 한다.

스피치가 진행되기 전에 스피커는 충분한 예행연습을 철저히 해야 한다. 아무리 연습해도 스피치를 하고 나면 모든 것을 풀지 못한 안타까움이 들곤 한다. 따라서 스피커는 실제와 같은 상황에서 연습하여 스피치 당일, 실수 없이 실전에 임해야 한다. 또한 예행 연습 시에는 스피치의 강조점 등을 체크하여 체크 포인트로 활용해야 한다.

■ 공포감을 극복해야 한다

청중 앞에 서는 불안감을 없애지 않으면 아무리 좋은 자료를 준비했다 하더라도 소용이 없다. 거울을 보면서 자신 있는 표정을 연습하고, 좋은 결과가 나올 것이라고 자기최면을 건다. 단상에서 할 말을 잊을지 모른다는 등 막연한 불안감은 뇌리에서 깨끗이, 정말 깨끗이 지워라.

■ 자신감에 찬 스피치를 해야 한다

청중들은 자신감 있는 스피커를 원한다. 명스피커는 자신감에 찬 스피치를 한다. 스피커가 자기 스피치 내용에 대한 확신을 갖고 그를 통해서 소정의 목적을 달성할 수 있다는 것을 굳게 믿는다면, 어떤 스피치도 성공할 수 있다. 즉 무엇보다 신념과 확신에 찬 언행으로 스피치하는 것이 대단히 중요하다. 특히

도입 부분부터 스피커가 신념에 찬 목소리로 청중을 압도하면 감동을 선물하는 스피치가 될 수 있다

■ 여유 있는 마음으로 천천히 스피치해야 한다

스피치란 청중에 대한 서비스의 연속이다. 따라서 여유 있는 마음으로 천천히 해야 스피커가 전달하고자 하는 내용을 충분히 전달할 수 있다. 급한 마음으로 스피치를 하다 보면 자칫 여유를 잃고 쫓기게 됨은 물론 말이 빨라져서 청중들이 이해하기 어려운 때가 많다. 이는 스피치를 정해진 시간까지 끝내야 한다는 초조감 때문이다. 그런 경우에는 스피치 내용 중에서 상당한 부분을 버리고 중요한 것만 전달하려는 마음을 가져야 한다.

■ 제한된 시간을 효과적으로 활용하는 기술을 익혀야 한다

청중들이 집중해서 들을 수 있는 시간은 제한되어 있다. 배당 시간을 먼저 고려해야 하지만 평균적으로 20분을 넘어서면 슬슬 집중력이 떨어지기 시작한다. 개인차는 있지만 평균적으로 30분이 가까워오면 집중력이 떨어지기 시작하는데 이 시점에서 흥미를 끌 만한 실례를 들거나 질문을 하여 집중력을 끌어올려야 한다. 최근 스피치에 활용되는 다양한 시청각 기자재를 사용하는 것도 좋은 방법이다. 또한 제한된 시간을 초과하거나 정해진 시간보다 늦게 시작해선 안 된다. 시간을 지키는

것도 신뢰감을 형성하는 중요한 요소가 된다.

■ 일관된 흐름을 가지고 요점을 간결, 명확하게 전달해야 한다

아무리 달변이라 해도 요점이 명확하지 않고, 장황하게 늘어
놓기만 한다면 상대를 설득하기 어렵다. 먼저 스피치의 목표를
명확히 설정하고, 전달하고자 하는 핵심적인 사항을 일관된 논
리 하에 간결하고, 명확하게 전달하라. 장시간 스피치를 들었
을 때 청중이 기억하는 내용이 얼마나 있으리라 생각하는가?
반드시 기억해야 하는 가장 중요한 내용을 도입부와 종결부에
반복하여 인지시켜야 한다. 일관된 흐름을 갖고 요점을 명확하
게 전달하는 것이 중요하다.

■ 다양한 시청각 기자재를 활용하여 스피치 효과를 극대화해야 한다

스피치의 방법론적인 측면에서 어떤 방법이 최선이라는 모
범 답안은 없다. 그러나 스피치의 성격과 스피커의 성향에 따
라 적절한 시청각 기자재를 사용하는 것은 확실히 효과적이다.
청중들은 스피커를 볼 때 시각적인 면에 가장 큰 영향을 받는
다. 이는 스피커의 개인적인 스타일에도 관계된 것이지만 그보
다 듣는 것만으로는 집중하는 데 한계가 있기 때문이다. 오감
을 자극하는 다양한 비주얼 자료를 사용하는 것도 결국은 보다
효과적으로 청중을 설득하기 위한 방법이다.

스피치에 주로 사용되는 시청각 기자재들은 오버헤드 프로젝터, 슬라이드 프로섹터, 빔 프로젝터, VCR, 영사기 등 다양하다. 각 기자재마다 장단점이 있으므로 무엇보다 스피커 입장에서 사용하기 편하고, 가장 적절한 장비를 선택하는 게 좋다. 시청각 장비가 스피치 효과를 높일 수는 있지만 스피커가 그 장비로 인해 부담을 느껴 진행이 매끄럽지 못하다면 오히려 장비를 최소화하는 것이 더 좋다.

■ 철저한 준비를 해야 한다

준비과정은 대부분 공동 작업이지만 스피치는 결국 스피커 혼자의 몫이다. 따라서 스피커의 역할이 무엇보다 중요하고 그만큼 부담감도 크다.

유능한 스피커라면 전달하고자 하는 내용을 명확하게 이해하고 내용에 대한 확신을 가져야 하며 철저하게 준비해야 한다. 또한 돌발 상황에 대처할 수 있는 임기응변 능력도 갖춰야 한다. 스피커는 무대의 배우와도 같다. 청중에게 감동을 주기 위해서 엔터테이너의 역할을 감수해야 한다. 적절한 시선 안배, 표정 연기와 음성, 세련된 손놀림과 유머감각 그리고 위기 상황 대처능력을 갖춰야 한다. 리허설을 통해 연습하는 것도 하나의 방법이 될 수 있다.

■ 설득해야 할 대상에 대하여 철저히 연구해야 한다

스피치는 구체적인 대상이 정해져 있으며 프로젝트 수주와 연결되는 경우, 특정 클라이언트를 설득해야 하는 작업이다. 누군가를 설득한다는 것은 결코 쉽지 않은 일이다. 확실한 논거를 바탕으로 이성적인 합의뿐 아니라 감정적인 호응도 이끌어내야 하기 때문이다. 따라서 사전에 대상에 대한 정보를 가능한 한 많이 수집하라. 그리고 아주 작은 성향까지도 파악해서 결정권을 갖고 있는 대상에 맞는 스피치 스타일을 개발하라.

만약 결정권자가 이 분야에 정통한 전문가라면 철저한 지식으로 무장해야 함은 물론 그가 생각하지 못한 뛰어난 무기를 갖고 있어야 한다.

클라이언트의 스타일이 개성을 중시하는 자유로운 스타일이라면 두껍기만 한 기획서와 구태의연한 진행방식은 버려라. 이때 중요한 것은 수집한 정보의 정확성이다. 잘못 파악했다가는 오히려 낭패를 보기 쉽다. 스피치는 쌍방향의 암묵적인 커뮤니케이션이라는 점을 명심해야 한다.

■ 스피치 환경을 미리 조사해야 한다

스피치를 진행할 장소나 그곳의 장비 상황들을 사전점검하라. 준비한 내용을 얼마나 적절하게 전달할 수 있는지 미리 점검해야 한다. 한번이라도 직접 가본 곳에서는 불안감이나 긴장도가 줄어드는 효과도 함께 기대할 수 있다.

■ 청중의 니즈(needs, 수요)를 파악해야 한다

스피치는 자신을 위해 하는 게 아니라 듣는 사람들에게 자신의 생각이나 필요한 정보를 전달하는 작업이다. 청중이 무엇을 원하는지 미리 조사하고, 스피치에서 전달하고자 하는 내용을 그 니즈에 맞춰 재구성한다.

■ 밝고 긍정적으로 스피치해야 한다

청중들은 밝고 긍정적인 스피커를 좋아한다. 이러한 스피커들이 말하는 것은 뭔가 비전과 희망이 있는 것처럼 의미 있게 들린다고 청중들은 말한다.

반면에 소심하고 부정적인 스피커는 청중들의 호감을 얻기 어렵고 스피치가 성공하기 어렵다. 부정적인 말은 자기 자신뿐만 아니라 주위에 있는 사람에게까지도 실패와 위기의식을 불어넣는다.

청중이 가장 듣기 좋은 음성은 밝은 음성이고 가장 아름다운 모습은 밝은 표정이다.

성공을 위한 말하기

2) 반드시 실패하는 스피치

■ 주제가 불명확하다

스피치에서 가장 중요한 것 중의 하나는 목적성을 가지고 진행을 하는 것이다. 그 목적성을 이루기 위해서는 본인이 전달하고자 하는 주제가 명확해야 한다.

■ 일방적인 전달자가 된다

대개 스피커는 당황한 나머지, 마치 로봇이 스피치를 하는 것처럼 표정이 굳어 있을 뿐만 아니라, 전달하는 스피치도 앵무새처럼 일방적인 스피치로 일관되는 경우가 많다. 뛰어난 스피커는 청중의 대소에 상관없이 마치 친구들과 이야기하는 것처럼 청중들을 편안하게 이끌어 간다. 청중들과의 아이콘택과 질의응답 등을 통한 청중과 함께 진행하는 스피치야말로 우수한 스피치이다.

■ 시간 분배가 제대로 되지 않는다

스피치에서 적절한 시간 분배는 매우 중요하다. 서론 부분에 너무 많은 시간을 소비한다든가, 또는 중요한 결론 부분에는 시간을 충분히 배분하지 못하여, 이제까지 잘 진행된 스피치도 망치는 경우가 많다. 내용의 경중에 따라 미리 연습한(리허설)

각본대로의 적절한 시간배분은 대단히 중요하다.

■ 설명이 명확하지 못하다

전달하고자 하는 내용에 대해 설명이 명쾌하지 못하고, 오히려 군더기가 많이 붙은 설명을 진행하는 경우가 있다. 또한, 설명이 논리정연하지 못하고 우왕좌왕하는 경우도 있다. 이러한 문제점을 피하기 위해서는 전달하려는 내용을 사전에 충분히 숙지하고 나서 누가 들어도 명쾌하게 설명해야 한다. 그럼으로써 청중으로부터 좋은 이미지를 받을 수 있다. 설명이 명확하지 못하면 듣는 사람은 짜증이 난다.

■ 분위기가 딱딱하다

스피치장에서도 유머감각은 중요하다. 청중들의 충분한 이해를 돕기 위해서는 청중들을 당신의 편으로 만들어야 한다. 청중들이 부정적인 마음을 가진다면 아무리 명강연을 하더라도 브리핑이 귀에 들어오지 않을 것이다. 청중과의 거리감을 없애고 호감을 이끌어내는 방법이 바로 유머감각을 갖는 것이다.

당신의 멋있는 유머 한마디가 청중들을 향해 빛을 발휘할 때, 이미 청중은 당신 편일 것이다.

■ 전문용어를 지나치게 쓴다

전문분야 사람들의 스피치장이거나, 또는 이해관계나 수준이 비슷한 집단에서 이루어지는 스피치의 경우에는 전문용어를 쓰는 게 문제되지 않는다. 그러나 다양한 수준의 대중이 모인 장소에서는 일반인도 이해하기 힘든 문자를 쓴다든가, 또는 어려운 영어를 사용함으로써 오히려 청중들의 반감을 사는 경우가 있다.

자기가 상대하는 청중의 수준이 어느 정도인가를 충분히 파악한 후 수준에 맞는 어휘와 용어를 써야 한다. 청중들의 충분한 공감과 이해를 얻을 수 있는 스피치야말로 멋진 스피치이다.

스피치 언어의 모든 것

스피치에서 관건은 바로 언어를 어떻게 사용하는가에 달려 있다. 스피치는 언어의 연속으로 이루어진다. 그래서 스피치에서 사용되는 언어는 화자가 말하는 순간 청자가 바로 알아들을 수 있는 것이어야 한다. 여기서는 화자가 사용해야 하는 스피치 언어에 대해서 알아보기로 한다.

■ 이해하기 쉬운 언어

화자가 어떤 분야의 전문가로서의 소견을 말할 때, 혹은 화자가 자신의 유식을 자랑하고자 할 때에 이해하기 어려운 언어를 사용하곤 한다. 그러나 청자는 자신이 이해하는 입장에서만 이해를 하려고 한다. 아무리 스피치의 내용이 좋아도 그것을 청자에게 전달하는 데에 실패한다면 좋은 스피치라고 할 수 없다. 전문가적 수준의 내용을 일반인들이 이해하기 쉬운 용어로 바꾸어 말할 수 있다면 이는 좋은 화자가 될 소질이 있는 사람이다. 이것은 바로 좋은 화자는 눈높이 스피치를 할 수 있는 사람이란 말과 같다.

■ 상세하고 구체적인 언어

청자가 화자의 스피치를 다 듣고 나서, 그 내용이 좋았고 감동받았다고 하면서도 화자가 말한 것을 제대로 꼭 집어내지 못하는 경우가 있다. 청자의 입장에서는 정말 좋은 스피치를 경험했다고 하는데도 말이다. 스피치가 좋은 것이고 다 청자에게 유익한 것이 분명한데도 이러한 의구심을 떨쳐버릴 수 없다면, 이것은 분명히 화자의 스피치가 추상적이고 그 범위가 너무 넓은 것에 기인한다. 그래서 청자의 기억 속에는 무엇을 말하는지 남지 않는 것이다. 구체적이고 상세한 언어가 스피치에 있어야 청자는 화자가 의미하는 바를 정확하게 알아차릴 수 있다.

■ 대화체의 언어

스피치도 일방적인 내용을 가지고 선포나 강요하는 것이 되어서는 안 된다. 21세기의 스피치는 명령형이 아니라 늘 화자가 청자와 대화하는 것처럼, 청자의 입장을 생각하면서 스피치를 해야 하는 것이다. 비록 입을 다물고 있지만 그것이 화자의 스피치에 모두 동의하는 것은 아니다. 그래서 더욱 상대의 동의를 이끌어내는 대화체의 언어가 필요한 것이다.

■ 간결한 언어

스피치는 음성 언어로 되어 있기에 듣는 순간 바로 이해되어야 한다. 물론 프레젠테이션이나 세미나 등과 같이 스피치를 보면서 할 수 있는 경우는 양해가 가능하더라도 스피치는 본질적으로 언어로 청자에게 이해시켜야 되는 것이다. 그래서 한 문장을 들었을 때에 그것을 청자가 곧바로 이해할 수 있도록 간결한 문장을 사용해야 한다.

통상적으로 사람들은 한 문장에 17단어를 사용하여 말하며 그 이하가 되면 쉽고 그 이상이 되면 이해하기가 어렵게 된다. 8단어 이하인 경우는 아주 쉬운 문장이며 29단어 이상인 경우는 이해가 어려운 문장인 것을 감안하여 적절한 단어 수를 문장에 사용하는 습관을 키우는 것이 필요하다.

■ 필요한 말

화자가 범하기 쉬운 오류 가운데 하나는 미사여구나 장식문구를 너무나 자주 사용하는 것이다. 이러한 불필요한 구절들은 화자가 말하는 바를 정확하게 전달하는 데에 장애가 될 뿐만 아니라 청자가 식상하도록 만든다. 특히 시간이 일정하게 주어진 스피치의 경우는 무분별한 형용사, 관사, 수식어 등을 과감하게 삭제해야 한다.

자신의 원고가 제시간 내에 진행되기 어려울 때에는 중요하지 않은 순서로 잘라내야 한다. 많이 알고 있기에 잘 말할 수 있는 것이 아니다. 청자는 화자가 제시간에 잘 정리하여 잘 말하기 때문에 많이 알고 있다고 생각하는 것이다.

■ 정확한 언어

화자가 사용하는 언어는 그가 전하고자 하는 내용을 정확히 표현하고 있어야 한다. 화자는 자신이 전하고자 하는 메시지를 정확히 표현할 수 있는 단어들을 찾는 노력을 해야 한다. 일상어와 빈번하게 사용되는 은어의 홍수 속에서 우리말을 바르게 사용하는 것은 매우 어렵다. 인터넷이 보편화되어 채팅 용어를 일상어로 사용하거나, 개그맨들의 유행어 등으로 어법이 틀린 말이라도 용인하는 경우가 빈번하다.

화자는 스피치 내용에 보다 정확한 우리말을 사용하기 위하여, 문학작품이나 수필 등을 자주 읽어서 보다 적확한 표현들을 찾고 구사하도록 노력해야 할 것이다.

■ 감각적 언어

감각적 언어란 화자가 스피치에서 사용하여 청자의 오감에 어필할 수 있는 단어들을 말한다. 감각적 언어가 비감각적 언어에 비해서 청자에게 더욱 생생하고 강한 느낌을 줄 수 있다. 특히 우리나라 정서는 감정에 호소하는 것이 화자가 말하는 데에 더욱 효과가 있기에, 센스어필할 수 있는 언어를 사용하는 것은 좋은 화자가 되는 지름길이다. 소리를 내거나 그림을 그리게 할 수 있는 색체언어를 사용하여, 청자로 하여금 화자의 스피치를 단순한 음성으로 인식하게 하는 것뿐만 아니라 더 나아가 감각적 이미지로서 그려질 수 있도록 하는 것이 필요하다. 특히 현대의 젊은이는 영상세대인 것에 주목하여 영상언어를 익히는 것이 도움이 될 것이다.

■ 문법적 언어

화자의 언어는 문법에 맞아야 한다. 스피치 도중에 실수로 조사를 잘못 말하거나 하면, 이를 만회하기 위해서 더 많은 실수를 하게 되는 경우가 흔하다. 문법에 맞지 않는 말을 쓰면 신중한 청자의 경우에는 화자의 수준을 의심하기도 한다. 화자에게는 자주 쓰는 말이기게 익숙하지만, 청자의 입장에서 보면 이해되지 않는 경우가 있다. 그래서 화자는 자신의 원고를 제삼의 사람에게 읽히거나 들려주어서 잘못된 것이 없는지 확인해보는 것이 좋다.

습관적으로 잘못 사용되는 문법적 오류들은 고치기 힘들므로, 전문가의 조언을 받아서 검증을 해보는 것도 좋은 스피치를 위한 노력이다. 문법적 언어를 사용해야 청자도 무리 없이 화자가 말한 내용을 이해할 수 있으므로 문법에 맞는 말을 사용하도록 하자.

■ **잘못된 언어습관**

화자의 잘못된 언어습관으로 인해서 청자에게 제대로 이해되지 않고 오히려 듣기에 부담을 느끼게 하는 것들이 있다.

① 중얼거림 : 이것은 화자가 입술을 닫고 말하거나 분명치 않게 발음하는 것으로 보여진다. 중얼거림을 청자가 심하게 느끼면 화자가 말하는 내용이 갖는 진실성을 의심하게 된다. 따라서 화자는 입을 크게 벌리고 말하는 습관을 키워야 하며, 발음을 정확히 하도록 노력해야 한다.

② 소리 지름 : 화자가 필요 이상으로 소리를 지르는 경우가 있다. 이렇게 되면 화자는 힘이 많이 소모되고 청자는 화자의 스피치 내용보다는 자신의 귀에 신경을 더 쓰게 된다. 진실의 힘은 소리의 크기가 아니라 그 참됨에 있다. 따라서 화자는 필요한 부분에서만 소리를 지르는 법을 배워야 한다. 화자가 신경

이 과민한 경우에도 그럴 수 있으므로 큰 소리를 자주 지르는 원인을 분석하여 고쳐야 한다.

③ 단조로움 : 이것은 음성의 변화가 없이 일정한 어투로 진행되는 스피치에서 나타나는 현상이다. 특히 원고 중심의 스피치를 하는 경우 낭독하는 방법을 사용할 때에 많이 생긴다. 또는 전해야 하는 내용에만 급급한 나머지 화자의 감정이 메말라져 있을 때 이러한 일이 생긴다. 화자는 스피치의 내용에 따라 감정도 음성도 그 흐름에 따라 변화되도록 하는 법을 배우면 유용할 것이다.

④ 간조어 사용 : 간조어라는 것은 화자가 말하는 중간에 목을 가다듬거나 다음으로 연결할 때에 간혹 사용하는 소리들을 말한다. 아~, 에~, 에또, 음~ 등등이 있으며, 이러한 말을 남용하면 화자가 전해야 할 내용을 잘 모르고 있는 것으로 오해받는다. 이것은 준비가 불충분하거나 화자가 흥분했기 때문이기가 쉽다. 그러므로 화자는 원고준비를 착실히 하고 차분한 마음가짐을 가지는 연습을 하는 것이 좋다.

⑤ 헤매임 : 이것은 화자가 자신이 말해야 될 내용을 순서에 따라 전개하지 못하고 중간에 딴 곳으로 흘러간 경우이다. 청자는 화자가 말하는 내용의 진위를 파악할 수 없으며, 화자의 지나친 반복과 앞 내용과 연결되지 못한 스피치로 인해서 청자의 불만은 고조된다. 이것은 이 상황은 스피치 준비 부족과 화자

의 돌출적인 성격으로 인해서 나오기 쉬우므로 주의를 요한다. 방황하는 스피치를 하는 사람은 화자의 자격이 없다고도 할 수 있다.

연설을 잘하려면

- 준비를 철저히 한다.
- 제스처와 연설의 메시지가 조화를 이뤄야 한다.
- 대중을 두려워하지 않는다.
- 다른 연사와 나를 비교하지 않는다.
- 평소에 남 앞에 서는 연습을 해둔다.
- 연설 차례를 기다리는 동안 '나는 잘할 수 있다'를 20번 이상 외친다.
- 연설 시간을 지킨다.

스피치
원고작성법

좋은 스피치를 하기 위해서는 좋은 목소리가 필요하고 그 목소리를 타고 청자에게 전달되어야 할 좋은 내용이 필수적이다. 그러한 스피치의 원고를 만드는 것이 화자가 갖추어야 할 준비 가운데 중요한 요소이다.

말의 실수로 인한 폐해는 국론분열이라는 어려운 시국을 만들기도 한다. 이 역시 말을 제대로 쓰지 못했기 때문이다.

그런 점에서 좋은 화자가 되기 위해서는 쓸 말(Writing word)을 스피치 자리에서 쓰는 훈련을 해야 한다.

그래서 똑같은 내용을 계속 읊조려야 하는 가수나 시인이 아닌 입장에서 스피치의 화자는 청자를 상대로 좋은 내용을 전하기 위해 원고 만드는 작업을 계속해야 한다. 원고를 만드는 것에 도움이 될 만한 내용들은 다음과 같다.

1) 서론

원고를 서론, 본론, 결론으로 나누었을 때에 서론은 청자에게 흥미를 유발시키고 화자가 의도한 본론으로 들어가기 위한 도입부의 성격이 짙게 나타난다.

그래서 서론은 가장 강력하게 효과적으로 청자에게 어필해야 하는 부분이다. 일반적으로 서론을 시작하는 방법은 대략 이러하다.

① 재미있는 일화나 유머를 말한다.

② 청중이 호기심을 불러일으킬 만한 이야기나 뉴스 등을 말한다.

③ 화자의 개인적인 신상에 대해 말한다.

④ 역사적인 사건과 관련된 말을 한다.

⑤ 유명인사의 말이나 문헌을 인용한다.

⑥ 청자에게 심적인 반응을 일으킬 말한 질문을 한다.

⑦ 이야기를 사건 혹은 실례로 시작한다.

그러나 조심해야 할 부분도 있다. 화자가 서론에서 조심해야 할 주의사항은 이러하다.

① 변명으로 시작하지 마라.

② 쓸데없는 긴 장광설을 늘어놓아서는 안 된다.

③ 논쟁적인 자료를 사용하지 마라.

④ 공격적이고 경멸하는 듯한 인상을 주지 마라.

⑤ 익살스러운 이야기로 시작하지 마라.

화자가 알아야 할 것은 대화하듯이 자연스럽게 시작하라는 것이다. 스피치의 서두는 화자나 청자 누구에게나 부담스러워서는 안 된다.

서론에서 부담을 느끼면 화자나 청자는 커뮤니케이션에 부정적 영향을 입는다. 서로가 편한 상태에서 그 다음 스피치를 할 수 있도록 화자는 각별히 신경을 써야 한다.

2) 본론

본론에서 화자가 주의해야 할 것 가운데 하나는, 서론에 본론으로 넘어가는 부분과 본론에서 결론으로 넘어가는 부분이다.

이 부분을 잘 소화하느냐에 따라 유능한 화자와 미숙한 화자가 구분된다. 물론 이것은 본론의 내용을 잘 전했다는 가정에서 출발한다. 본론이란 화자가 말하고 싶은 내용이다.

말하고 싶은 내용을 전개해나갈 때에는 논리적으로 무리가 따르면 안 된다. 우리나라 사람들은 연역적 방법을 선호한다.

따라서 대항목과 소항목을 잘 알 수 있게 만들고, 말하고자 하는 논지가 제대로 구성되었는가에 더욱 신경을 써야 한다.

더 나아가 좋은 화자가 되기 위해서는 특히 본론부분에서 도치법, 이중부정, 반복법, 질문법 등을 통하여 화자가 강조하고자 하는 내용을 명확하게 청자에게 기억시켜야 한다.

그리고 이러한 흐름이 제대로 이어지도록 접속어나 연결어미를 잘 사용해야 한다.

3) 결론

스피치에서 결론의 중요성은 아무리 강조해도 지나치지 않다. 청자 입장에서도 끝마무리는 오래 기억에 남겨두는 경우가 많다.

결말이 빈약하면 앞부분의 훌륭한 내용의 의미가 반감되며, 반대로 유익하고 흥미가 있으면 청자는 화자의 다음 스피치를 기대하게 될 것이다.

박우수는 결론에 대해서 다음과 같이 말한다.

"첫째는 청중들에게 연설자에게 유리한 쪽으로 기울이도록 하는 것이며, 둘째는 핵심적인 사실들을 극대화하거나 극소화하는 것이며, 셋째는 연설가에 필요한 청중들의 감정을 자극하는 것이며, 넷째는 기억을 새롭게 하기 위하여 중요한 사실들을 환기시키는 것이다."

그런 점에서 자주 사용하는 결론 방법은 다음과 같다.

① 긍정적인 성공담으로 이야기를 마무리한다.
② 스피치의 속도를 빠르게 하고 의문형을 사용한다.
③ 논점을 짧게 요약한다.
④ 청자가 화자의 스피치의 내용대로 행동하도록 동기를 부여해 준다.

스피치는 그 실행방법에 따라 원고를 암기하거나 낭독, 그리고 즉흥적으로 하는 경우가 있다.

이 가운데서 화자들이 선호하는 방법들은 경우에 따라 다를 것이다. 그럼에도 위의 스피치가 가지고 있는 강점들을 유지하면서 그 약점들을 보완하는 방법이 있는데 그것이 바로 개요 스피치이다.

이것은 원고에 매여서 스피치의 생명인 청자와의 관계나 자연스러움이 불리한 영향을 받을 것에 대비해서 생각해낸 방법이다. 이것은 또한 즉흥적 스피치에서 생길 수 있는 실수를 줄이는 방법이기도 하다.

그래서 많은 화자들이 개요서에 의한 스피치를 선호한다. 위의 원고 작성을 위한 내용들을 기반으로 스피치 원고를 만든 후에는 다시 개요서를 작성하는 것이 바람직하다. 그러면 화자

가 자신이 말할 내용을 잊지 않고서 적절하게 청자를 대할 수
있기 때문이다.

명강의에도
전략이 있다

요즘은 각 대학마다 사회교육원이 있고, 백화점이나 동사무
소마다 교양과 기술 강좌들이 열려서 많은 사람들에게 배움의
기회를 제공해주고 있다.

이것은 전문적인 학력을 가진 교수가 아니고 정치 지망생이
아니어도 단상에서 말할 기회가 그만큼 많아졌다는 의미이다.

고등학교를 졸업해도 자신의 현장경력이 있으면 강의를 할
수 있고, 자기 분야에서 뛰어난 능력을 갖추면 그 마케팅이나
세일즈 기법 등을 설명하는 기회도 찾아온다.

아이로 인해서 일일교사로 교단에 설 수도 있고, 방과후 공
부방에서도 여러 사람을 상대로 말할 기회가 있는 것이다. 따
라서 그러한 강연이나 강의를 쉽고도 효과적으로 할 수 있는

전략을 배우는 것이 필요하다. 미리 준비해두지 않으면 우리의 말은 여러 사람을 앞에 두고 연극무대의 독백이 되어버릴 수도 있기 때문이다.

1) 주제 선택 요령

남들 앞에 서서 이야기할 때에, 딱히 우리가 알고 있는 것과 일치하는 제목을 받기 전에는 무엇을 말해야 될지 곤란하다. 이럴 때에는 먼저 핵심주제로 한두 가지만을 선택하는 것이 좋다. 너무 많은 것을 이야기하려고 했다가는 전달에 실패할 수도 있다. 많은 정보를 제공해주어야 한다는 강박감이 커뮤니케이션의 단절을 가져올지도 모른다. 따라서 주어진 시간 안에 청중이 소화할 수 있는 핵심적인 주제 한두 가지만 집중적으로 소개하는 것이 바람직하다.

다음으로 청중의 관심에 눈높이가 맞는 주제를 선택하는 것이 좋다. 정보를 공급하는 사람의 관점보다 정보를 받아들이는 사람의 관점에서 주제를 잡아야 한다.

자기가 알고 있는 것에만 맞춰서 말하려 할 때에 그 주제는 오히려 청중을 혼란에 빠뜨리기 쉽다. 정보를 공급하는 관점에서 잡은 주제는 이미 그 정보를 듣게 될 청중의 관심과는 너무나 동떨어져 있기 때문에 호기심이나 흥미를 불러오기 어렵다.

따라서 거창하게 자기가 하고 있는 연구나 심오한 인생철학을 전달하려고 하지 말고, 자신의 인생역정이나 직업적 보람 등을 가지고 이야기를 풀어나가는 것이 좋다. 그것을 청중의 실생활과 관련지어 설명하거나 현재적으로 관련성이 높은 주제를 다루는 것이 그들의 관심을 끌 수 있는 지름길이다.

2) 강의 진행 요령

■ 자유롭고 부드러운 강의 분위기를 조성하라

대중 앞에서 말할 때에는 청중과 평등한 관계를 꾸며가는 게 중요하다. 근본적으로 상대방을 평등한 관계로 생각하지 않으면 강의는 아무래도 권위적으로 흐르게 된다. 비록 그 자리에서 말할 수 있는 실력과 권위가 있다고 하더라도 청중과 평등한 인식을 갖고서 이야기를 전개한다면 훨씬 쉽게 그들의 마음을 열 수 있을 것이다.

평등한 관계를 촉진시켜주는 대화방법은 '우리 함께' 또는 '같이' 등과 같은 공동체적 용어를 자주 쓰는 것이다. 이런 용어들은 저절로 청중과 동등한 관계로 분위기를 이끌어주는 힘을 갖고 있다. 또한 청중에게 그들이 답할 수 있는 가벼운 질문을 던지거나 코멘트를 요청하는 것도 좋은 방법이다.

■ 예시와 시청각 자료를 활용하라

핵심 주제를 쉽게 설명하려면 가급적 직접적인 설명보다는 간접적인 설명방법을 활용하는 것이 좋다. 전문적인 주제는 대부분 복잡한 용어와 해석을 동반하기 때문에 비전문가인 청중들에게 짧은 시간 안에 직접적인 방법으로 그것을 설명하고 이해시키는 것이 거의 불가능하다.

이럴 때에는 간접적인 설명방법으로 자주 활용되는 사례, 비유, 그림, 사진, 영상 등을 적극적으로 활용하는 것이 매우 효과적이다. 이러한 시청각 자료를 이용해 주제에 대한 이해를 도울 수 있고, 나아가 청중의 주목을 끌 수도 있다.

필자가 아는 유명 설득 커뮤니케이션 강사는 자신의 강의 내용을 입증하고 설명하는 데에, 청중에게 잘 알려진 영화의 한 장면이나 광고의 카피를 이용한다. 이것은 참 좋은 방법 가운데 하나라고 생각된다.

■ 전문용어는 쉽게 풀어서 설명하라

부득이한 경우가 아니라면 이해하기 어려운 전문용어는 사용하지 않는 것이 좋다. 강의하는 사람의 입장에서는 가장 기초적인 내용과 용어일지라도 듣는 사람에게는 생소하고 어려울 수 있다. 또한 전문용어에 대한 부담감이 자칫 강의 전체에 나쁜 영향을 미치고 흥미를 떨어뜨릴 수 있기 때문이다.

한편 부득이하게 전문용어를 사용해야만 하는 경우, 오히려 청중이 전문용어를 기억하고 싶어 할 정도로 단어의 뜻을 쉽게 풀어서 설명할 필요가 있다. 일상생활에서 자주 접하거나 사용하면서도 본래의 의미를 정확히 알지 못했던 용어를 강의를 통해 제대로 이해할 수 있다면 청중은 의외로 큰 소득을 얻었다고 느낄 것이다.

■ 적절한 유머를 사용하라

대부분의 사람은 일단 교육받는다고 생각하면 강의 내용을 떠나서 가볍게 듣기 힘들다는 선입관이 있다. 물론 화자의 입장에서는 청자를 위해서 강의에 사용할 설명방식과 전달하고자 하는 내용의 난이도 선택에 세심하게 신경을 쓴다. 하지만 아무리 좋은 내용도 선입관 탓에 쉽게 받아들여지지 않는 것이다.

그러나 아무리 전문적인 내용이라 할지라도 청중의 나이와 지적 수준에 맞는 적절한 유머를 활용한다면 얼마든지 쉽고 재미있는 강의실로 만들 수 있다. 유머가 섞인 강의는 자연스럽게 사람들의 시선을 한 곳으로 모으고 누구나 참여할 수 있다는 분위기를 조성하므로, 내용 여부를 떠나서 재미있다는 것 때문에 쉽고 유익했다고 청중은 느끼게 되는 것이다.

강의를 주제를 전하는 것만으로 생각하여 그 부분에만 신경 쓰는 경향이 많다. 그러나 강의를 처음부터 끝까지 잘 이끌고 가야 명강의라고 불릴 수 있다. 강의는 간단한 자기소개로 시작하는 것이 좋다. 관례적으로 사회자가 약력을 소개하기는 하지만 대부분의 청중은 좀 더 자세히 알고 싶어 한다. 그러므로 이를 무시하기보다는 진솔한 마음으로 자기 자신을 다시 한 번 간단히 소개한다면 청중과의 거리감을 좁힐 수 있다.

강의가 끝나고 나서는 질문을 받는 것이 좋다. 어떤 질문이라도 기쁜 표정으로 받아들이고 친절하게 답해야 한다. 만약에 강의 주제와 전혀 상관이 없거나 자신이 잘 알지 못하는 내용의 질문이라 하더라도 이를 무시해서는 안 된다. "비록 오늘의 주제와는 조금 거리가 있기는 하지만 매우 좋은 질문입니다"라고 말하는 것이 좋다. 질의문답도 강의시간에 포함해서 생각해 두는 것이 바람직하다.

3) 시각자료 제작 요령

■ 개조식 문장으로 작성하라

시각자료에는 글자의 수를 줄이기 위해서 개조식 문장을 사용하는 것이 좋다. 개조식 문장이란 서술형으로 끝나지 않고 명사나 명사형으로 끝내는 형태로, 간단명료하게 표기할 수 있는 것이 특징이다. 적극 권장할 수는 없지만, 청중이 단일하고 특수한 세대일 때는 그들만이 이해할 수 있는 은어나 줄임말, 이모티콘, 상징적인 그림이나 표식을 사용해서 의미를 전하는 것도 이해를 촉진시키는 방법이 될 것이다.

■ 글자는 선명하게 보이게 하라

슬라이드를 사용하는 경우 가장 주의할 점은 글자나 그림이 선명하게 보이도록 준비하는 것이다. 가급적 한 장에 들어가는 글자의 수를 최소한으로 줄이고 글자 크기는 최소한 20포인트 이상으로 작성해서 누구에게나 선명하게 보이도록 해야 한다. 글자의 크기가 작아 잘 보이지 않거나 그림의 선명도가 떨어지면 눈이 피곤해지고 시선 집중이 어려워 자연히 분위기가 산만해질 우려가 있다.

글자나 바탕색을 달리하여 강조하고자 하는 내용을 부각시키는 것도 좋은 방법이지만 너무 다양한 색을 사용하여 혼란스럽지 않도록 주의해야 한다.

■ 생활 속의 소재를 활용하라

아무리 유익한 강의도 청중의 관심을 끌지 못하면 지루함의 대상일 뿐이다. 따라서 강의 주제나 내용에 익숙하지 않은 사람들을 대상으로 강연을 할 경우, 처음부터 딱딱한 느낌을 주는 글이나 판에 박힌 도표, 어려운 수식을 내세우는 건 곤란하다. 강연 내용과 관련된 재미있는 그림이나 사진자료 등을 이용해 강연에 대한 호기심과 흥미를 유발할 필요가 있다. 많은 사람들이 흔히 느끼고 접할 수 있는 우리 생활 주변의 친숙한 소재를 활용하는 것도 좋은 방법이다.

■ 적절히 시간을 배분하라

준비한 자료의 설명에 필요한 소요시간을 계산한 후 미리 각 자료마다 적절한 시간을 배분해두자. 간혹 스스로 강의에 도취되거나, 특정 내용을 지나치게 자세히 설명하다가 시간에 쫓겨 준비한 자료를 다 활용하지 못하고 강의를 마치는 경우가 있다.

적절한 시간 배분을 하기 위해서는 사전에 설명할 내용들을 정리해 혼자 간단한 리허설을 해보는 것도 좋은 방법이다. 더 나아가 시각 자료를 그 중요도 순서에 따라서 생략하는 것도 고려해두어야 한다.

프레젠테이션
성공전략

프레젠테이션(Presentation)이란 용어는 대체로 어떤 견해를 발표하거나 간략히 설명하는 행위이다. 프레젠테이션이 효과적으로 자신의 아이디어나 아이템을 상대방에게 설명하는 가장 현대적이고 중요한 방법이기 때문에 이렇게 정의하는 것이 타당하다.

프레젠테이션은 자신의 의사를 정확하게 전달하여 상대방을 자신이 원하는 방향으로 설득하려고 하는 효과적인 행위이다.

■ 프레젠테이션의 방식

① 준비된 프레젠테이션

가장 일반적인 프레젠테이션 접근 방식이다. 충분한 시간을 갖고 프레젠테이션 목적과 주제를 세운 뒤 메시지를 구성하고, 청중 분석 등의 과정을 거쳐 효율적인 방법으로 메시지를 전달한다.

② 즉석 프레젠테이션

예상치 못한 자리에서 생소한 청중을 상대로 사전 준비 없이 진행하는 프레젠테이션을 일컫는다. 가령 특별한 행사나 수상 자리, 축하 메시지를 전하거나 자신을 소개해야 하는 자리에서 펼쳐야 하는 프레젠테이션이 즉석 프레젠테이션이다.

③ 원고형 프레젠테이션

대통령 취임식 연설을 떠올릴 수 있는 프레젠테이션의 접근 방식이다. 이는 프레젠테이션보다 연설에 가까운데, 소요 시간이 길 뿐만 아니라 기술적인 내용을 담고 있는, 다소 수준이 높은 프레젠테이션에 적합한 방법이다.

④ 암기형 프레젠테이션

핵심 내용 또는 주제어를 암기한 뒤 이를 중심으로 나머지 내용을 풀어나가는 접근 방식이다. 대체로 특정 분야에 정통한 전문가들이 애용하는 방법으로, 청중과의 가장 잘 교감할 수 있는 방법 가운데 하나다. 청중과 충분히 시선을 교환할 수 있고 보다 자신감 있는 프레젠테이션을 진행할 수 있다.

⑤ 브리핑

브리핑은 계획 또는 운영에 대한 상세 정보를 짧고 정확하게 요약 정리한 것으로, 청중에게 정보를 전달하거나 주제를 설명, 혹은 설득을 목적으로 한다.

■ 프레젠테이션 전략

프레젠테이션에서 청중이 듣고 싶은 것을 강조하지 않고 자신이 말하고 싶은 것을 강조하는 경우가 많다. 참으로 안타까운 일이 아닐 수 없다. 청중은 우리의 제안으로 얻을 수 있는 이익에 많은 관심을 가지고 있다. 그런데 정작 프레젠테이션 내용은 단순히 아이디어의 제안이나 상품의 기능, 기술적인 설명에 그치는 경우가 많다. 보다 더 어필할 수 있는 프레젠테이션 방법은 무엇일까?

그것은 FAB 방식으로 생각해보는 것이다. FAB(Feature Advantage Benefit)는 청중에게 단순히 정보를 제공하는 것에서 끝나는 것이 아니라 그것을 통해서 얻을 수 있는 이점들을 전하는 것이다. 상품이나 제안의 사실적 설명을 통해서 그것의 특징들을 알려주고, 바로 그 장점이 청중의 니즈를 충족시켜 줄 수 있음을 강조하는 것이다. 따라서 프레젠테이션을 구성할 때에 자신이 한 제안이 무엇이며, 이 제안의 특징과 장점이 어떠한 것이며, 바로 이것으로 인해서 청중에게 어떤 유익이 있는가를 자문하면서 내용을 만들어야 한다.

■ 전달 스킬

프레젠테이션을 진행할 때에는 무엇보다도 자신감이 있어야 한다. 청중 앞에 서는 것에 대해서 준비된 자세를 보여주는 것이 급선무이다. 따라서 준비와 실행에 있어서 과학자의 정확성과 예술가의 열정을 유지해야 할 것이다.

둘째, 자신이 말하고자 하는 바가 무엇인지를 분명히 알고 있으면서 그 다음에는 그것을 어떻게 말할 것인가에 주의를 기울여야 하며, 내가 말하고자 하는 것보다 청중이 관심을 보이는 것을 말해주어야 한다. 그래서 청중들이 존중받고 있다는 생각을 하게 해야 한다.

셋째, 열의를 가지고 하되 지나치게 감정을 노출하지 말고 진지하게 해야 한다.

넷째, 청중과 시선을 맞춰 청중 각자에게 개인적인 관심이 있다고 느낄 수 있도록 해야 한다. 그리고 가장 밝고 수긍하는 눈빛의 청중들을 특히 마주보고 이야기하고, 가능하면 이들을 호칭할 때 직위보다 이름을 사용하는 것이 더 효과적이다.

다섯째, 잠시 여유를 갖기 원할 때는 농담보다는 유머를 사용하는 것이 좋다. 프레젠테이션 중의 농담은 치명적인 역효과를 가져다주기가 쉽다. 왜냐하면 농담은 뜻밖의 언동이며, 흔히 오해를 사거나 불쾌감을 주게 되기 때문이다.

여섯째, 6C의 화법을 사용하라. 6C의 화법이란 ① 분명하게 말하라!(Be Clear) ② 다채롭게 하라!(Be Colorful) ③ 구체적으로 말하라!(Be Concrete) ④ 간단하게 하라!(Be Concise) ⑤ 일관성을 유지하라!(Be Consistent) ⑥ 바르게 말하라!(Be Correct)는 것이다.

일곱째, 프레젠테이션의 페이스를 조정할 줄도 알아야 한다. 프리젠터가 서두르거나 너무 지루하게 진행해서는 안 된다. 상황에 따라 목소리 크기를 조절하는 등의 변화를 주어 단조로움을 피할 수는 있다. 그러나 때에 따라서는 잠시 호흡을 멈출 필요도 있다. 그러한 여운은 때때로 청중의 주의를 집중시키는 데 효과가 있다.

여덟째, 효과적인 프레젠테이션을 하기 위해 시간을 잘 활용해야 한다. 최근의 연구에 의하면 나이든 고위 경영자들은 평균적으로 프레젠테이션 중에 한 가지 주제에 대해 6분 이상 집중하지 않는다고 한다.

끝으로, 자신의 스타일에 맞추어서 프레젠테이션을 구성하고 준비하는 것이 좋다. 외향적인 경우 청중은 프리젠터에게 좋은 영향을 끼치는 활력소가 될 수도 있다. 따라서 프레젠테이션의 자료를 준비할 때에 청중과 상호 교류할 수 있는 방법으로 정리하는 것이 좋다. 내향적인 스타일인 경우는 말을 시작하기 전에 충분한 시간 여유를 갖고 발표자료를 완벽하게 숙지해야 하며 청중과 시선이 직접적으로 부딪히지 않도록 신경을 써야 한다.

프리젠터가 말하고자 하는 내용은 누구보다도 자신이 가장 잘 알고 더 잘 표현할 수 있다고 생각하자. 그렇게 자연스럽게 하면 대체적으로 성공적인 프레젠테이션을 할 수 있을 것이다.

■ 프레젠테이션 준비

먼저 청중에 대해 파악해야 한다. 청중에게 맞는 메시지를 정확하게 준비하는 것이 중요하기에, 자신이 제시하려는 정보에 대한 청중의 관점을 이해할 필요가 있다. 프레젠테이션을 하는 이유와 목적을 청중에게 잘 전달하기 위해서 어떤 방법을 써야 되는지를 결정한다.

다음으로 프레젠테이션을 하기 전에 발표할 내용을 정리해야 한다. 아무리 전달 기술력이 탁월한 프리젠터라고 하더라도 전달할 내용을 문서화하는 작업은 피할 수 없다.

프레젠테이션 구성 요소별로 내용을 작성하는 법은 크게 두 가지로 나뉘는데, 개요(Planning Outline)와 연설문(Speaking Notes) 작성이 그것이다. 개요는 일관된 논지를 전개하고 전달할 내용의 양을 적절하게 안배하기 위해 반드시 거쳐야 할 과정이다. 개요는 간결하게 문장으로 작성해야 한다. 즉 각 구성 요소에서 전개할 핵심 내용을 포함하여 하나의 완전한 문장으로 작성해야 한다.

연설문은 프레젠테이션 진행시 손에 들고 있다가 발표 도중에 가끔씩 참조하는 노트를 말한다. 연설문은 핵심 단어 중심으로 정리하고, 적절한 전환어구와 각 장의 요약 내용 등도 포함해야 보다 효과적으로 청중에게 메시지를 전달할 수 있다. 주제 개요에서 사용하는 키워드를 뽑아 열거하는 방식으로 연설문을 작성하는 것도 한 방법이다.

끝으로 기회가 된다면 프레젠테이션 장소에 가보는 것이 좋다. 장비를 시험해보고, 마이크와 프로젝터 등 여러 장비가 잘 작동되는지 확인한다. 청중의 자리배치가 어떻게 되어야 하는지도 살펴본다. 가능하면 의자와 탁자를 원하는 형태로 배열하고 여분의 의자를 치워버리는 것이 좋다. 또한 청중이 프레젠테이션에 집중하게 하기 위하여 커튼을 내리고 적절한 온도가 되도록 한다. 슬라이드를 살펴보고, 제한된 시간에 가능할 수 있도록 중요도가 적은 것은 생략해도 좋다.

프리젠터의 재질에 상관없이, 연습과 전문적인 프레젠테이션 훈련이 더 좋은 결과를 낳을 수 있다. 위에서 언급한 제반 프레젠테이션 스킬을 잘 사용하면 좋은 프리젠터가 되는데 도움이 될 수 있을 것이다.

말 잘하는 사람의 대화 수칙 20가지

1. 말을 할 때는 이성적이고 논리적으로 한다.
2. 말을 시작하기 전에 먼저 3초 동안 요점을 가다듬고 정리하여 말한다.
3. '6W, 1H원칙'을 적용해서 말을 하도록 한다. 누가(who), 무엇을 (what), 어디서(where), 언제(when), 왜(why), 누구에게(whom), 어떻게(how).
4. 목소리의 속도와 높이, 크기를 변화 있게 잘 조절해서 말한다.
5. 간결하고 명확한 문장을 구사한다.
6. 상대방의 반응을 관찰하면서 적절히 대응하면서 말을 한다.
7. 평소에 대중 앞에 서 있는 것처럼 말하는 연습을 자주 한다.
8. 책을 많이 읽고 세상을 관찰하여 이야깃거리를 많이 만들어둔다.
9. 심각한 이야기에도 때로는 유머를 섞어 긴장을 없애는 여유를 가지며 말한다.
10. 친한 사이일수록 예의를 잃지 말고 말한다.

1. 화가 난 상대방의 말을 감정적으로 맞받아치지 말아야 한다.
2. 사전 준비 없이 어떤 상황에 대해 대충 말하지 말아야 한다.
3. 지나치게 스스로를 과소평가하는 말을 쓰지 말아야 한다.
4. 상대방에게 말할 기회를 주기보다는 자기 말을 앞세우려 하지 말아야 한다.
5. 사족이나 무의미한 단어를 쓸데없이 반복하지 말아야 한다.

6. '~인 것 같다' 라는 불확실하고 자신없는 말은 피한다.
7. 불만이나 푸념 또는 부정적인 말을 하지 않는다.
8. 희망이 없는 이야기는 하지 않는다.
9. 남을 비방하는 말은 하지 않는다.